無心の一歩をあゆむ

山川宗玄
Yamakawa Sogen

春秋社

無心の一歩をあゆむ

目次

I

II

III

IV

無心の一歩をあゆむ

I

「おっさま」と呼ぶ声

饒舌《じょうぜつ》の人が増えた。たぶん全国的な傾向であろう。

話しをしだすと、跡切れなく言葉が言葉を呼び、止めどなく喋る人が増えた。もちろん話すべき時に話し、黙るべき時に沈黙するあたり前のことが、皆無というわけではない。

ふだん、口数の少ない人でも、アルコールが入ると滔々と、自分のこと、会社のこと、家族のこと、趣味のことなど喋り続ける人がいる。

この現象とよく似ていて、話し相手がいるのに、まるでいないかのように、また、いるという認識があっても、相槌や反応を必要としないがごとく喋る人が多くなった。

会話が跡切れることよりも、自分の言葉が終ることを怖れているようにみえる。

われわれは、どうも職業柄か、この言葉の多いことには閉口する。

先日、一人の雲水《うんすい》がこんな話をした。

托鉢《たくはつ》で、ある家の前に立ったが、留守のようなので、一礼して立ち去ろうとした。

すると、「おっさま」と呼ぶ声。振り返ってみると、左半身が不自由にみえる年老いた婦人が、右手に喜捨のお金を持って、ゆらゆらと出てこられた。

そこで、戻って頂こうと再度、礼をすると、その方が曲がっていた腰を伸ばし、合わせられぬ手を必死に合わせて頭を下げてくれた。

この雲水は、路に引き返すと、涙が自然に出て、とめどなく流れ、自分のことを反省せざるを得なかったと言う。

はたして自分はこの施しに値するものなのか、合掌して拝んでもらう資格があったのか、と初めて真剣に思ったと言う。

修行は、こんなとき「らしさ」を露わす。

敬うこと以上に、互いに貴ぶ世界がここにある。人は雲水をみて、貴い修行をしている若者だと、手を合わせる。雲水はこの貴い気持に値しないと、心で合掌し自分を省みる。

そんな「らしさ」だ。ここに余分な言葉は必要ではない。

有名な良寛さんに、馬之助という甥がいる。生来《せいらい》放逸で、いくつになっても止まなかった。そこで叔父の良寛さんに頼んで意見をしてもらうことになった。

しかし、良寛さん、我が身の勝手、不徳の過去を思えば、甥の顔を見ても、説諭どころか、声さえも掛けられなかった。

いよいよ三日目。もう良寛さんの帰る日。

その時に、馬之助に草鞋《わらじ》の紐《ひも》を結んでくれと言うのが精一杯。馬之助もいつ叱られるか、説教されるのかと敬遠していたが、帰られるとなれば、安堵もし、拍子抜けして紐を結んでいると、何やら顔に温かいものが落ちてきた。しゃがんだまま顔を上げると、この良寛さん、甥の顔をじっと見つめて涙をこらえているではないか。

その途端、馬之助はっと胸にこたえて、涙が溢れてどうしようもなかった。以後、この甥の放蕩は一切止んだという。

今日、言葉が人の心を表現するのではなく、人の心を隠す手段になったように思える。

それゆえに、そうではなかった時代を懐かしむだけではなく、その源に還らねばならないと切に思うのである。

有り難きこと

「ありがとう」という言葉はまことに良い言葉で、この言葉が残っている限り、日本という国は存続するだろう。

有り難いとは、世に存続することが稀であるという意味と、世に生きることが難しいという意味もあって、これは当世風に「難きこと有り」と読めば理解しやすい。

この間、ある坐禅会で出席者の一人が「先ほどは暑苦しくて、坐禅から逃げ出したいと思ってばかりおりました。すると途中でサーッと風が吹き抜けていって、途端に『ありがたい』と思えて、頑張ることができました」と言われた。

そこで「坐禅の功徳ですね」と答えた。

同じ風はどこでも吹くわけで、それを有り難いほどに感じられるかどうかは、本人の心の状態による。ちょっとの仕合わせが、難きことと受け取れてこそ、有り難いとなる。

また、一代で企業を興し成功された方から、こんな若き日のことを聞いた。

青雲の志だけはあっても、親には反発ばかりして、右も左も分からぬ生意気盛りの頃、商売に手を出しても上手くいかぬ。いらいらと毎日を過ごしていた。

そんな時、父親が急死した。この人は長男であるので、たちまち喪主となって葬儀の準備をしなければならぬ。感傷に浸る暇もない。

すると町内の顔役の人が来てくれて、こう言った。

「お前はこれから親爺さんの枕元に坐っていれば良い。後は皆われわれがやる。ただ手を合わせて坐っておれ」と。

弔問客には一人ひとり礼を返し、一心に合掌するだけ。一時間、二時間、いつの間にか夜も更けていく。

合掌の両の手、静座の脚、それが自分のものとは思えないぐらいの重みと苦痛が襲ってきて、それでも耐えた。

ただただ、頭を下げ続け、合掌を続けた。

どれくらいの時間が経ったのだろうか。ふと外界が見えなくなり、身体が石のように固まり、合掌だけの自分になったように思えた。

すると、それまでは挨拶と耐えることで精一杯で、眼前の父親のことを思う暇もなかったのに、突然、あらゆることが現われては消え、消えては現われ、父親と自分のことが皆憶いだされた。

怒りの眼の奥の慈しみ、叱責の言葉の裏の愛情、鉄拳の痛みの本当の優しさ。

涙が溢れ、涙が流れ、泣き声は出ないのに、どうしようもなく泣けた。

「有り難かった」と、この人は話して帰られた。

それが今日の成功の礎《いしずえ》なのであろう。この方の目にうっすらとまた涙が湧いていた。

難きことの実現は、こんな限界を越えた苦労の果てにしかないのであるが、現代は実に安易に、これらの苦労を取り除くことができる。

「有り難きこと」が難きことになってしまったと、少々心配になる。

佛

芯をつくる

どのような分野でも基本は大事である。

職業でも教育でも修養でもそうであろう。とくに日本はそのことを昔からやかましく説いた国であった。

「請《こ》う其《そ》の本《もと》を務めよ」とは、正眼寺の開山様《かいさんさま》、関山慧玄国師《かんざんえげんこくし》の言葉であるが、こちらは基本でも人間としての基本、仏の心に眼覚めよということ。

僧堂においては、薫習《くんじゅう》という言葉を使って基本の大切さを徹底する。

薫習とは、香りが衣に薫き染められるように徳を積み修行を重ねることで、それには長い年月の基本の繰り返しを要する。

そうして肌にまで染みついた香りであれば、もうそれは抜けようがなく、何かが身に付いたということである。

基本は型から入れとよく言われる。おおむね先人の辛苦の後に確立された型には無駄がなく合理的であり、それゆえに、あらゆるジャンルに基本を学ぶ型、形式がある。

出家する前に、このことにずいぶん疑問を感じ、反発をしていた。型は、その道の長い修練の後に、その人独自の形式が確立されてくるわけで、本来、個々個別の型があってしかるべきだと考えていた。

その後、出家して、それこそ箸の上げ下ろしから、歩き方、衣の着脱に至るまで、先輩から綿密に指導されて、いつの間にか型から基本を身に付けた経験で、身をもって反駁したことになってしまった。

この頃は時々、書を依頼されて書く。誰かに師事するのが最良だろうが、いまは書道の基礎、基本を独学せざるを得ないので苦労が多い。

しかし学ぶにともなって、書道具にも良し悪しを知り、奥が深い。

先日ある専門家とこんな話をした。

以前、勉強しようと思って、少々高価な筆を購入した。ところが羊毛筆のためか、俗に言うところの腰がなく、まことに書き辛い。というよりも扱うことができない。どうしたものか。

かの専門家氏いわく、「ともかくも毎日その筆は使ってください。一字でも二字でも良いのです。それを続けて三年も経てば、素晴らしい腰のしっかりした筆になるでしょう」。いったいそれはどんな理由か。「筆の一本一本の毛は、内部に細い空洞を持っているのです。その空洞があるから腰が弱いのです。そこに毎日毎日、微量の墨が染み込むことで、三年、一千日を経て、芯が造られ育てられるのです」。

そうなれば腰ができて、大変な筆になるという。ちなみに今すぐ書けるような筆は、一年も経てばもう駄目で、後は使いものにならぬそうだ。

芯ができあがるまで三年。それは育つのに三年と言っても良い。

そこで筆の基本ができたことになる。墨がじわじわと染み込んで、筆の土台ができる。後は使い方次第だ。

今日の世相を観れば、辛抱をして「芯」の土性骨を造り上げる大事さをつくづく思うのである。

継続は力なり

俗に「継続は力なり」という。とくに修行においては、何事も継続しなければ全く身につかない。力以前の問題である。

先日、知人のパッチワークの講師が主催する作品展を観た。パッチワークだから、端切れを縫い合わせた小作品というイメージでいたが、会場に足を運んで驚いた。二メートル四方のキルトカバー様の布地に、壮大な模様を手縫いで仕立てていく。何ヶ月もの作品ですかと質問すると、二年に一度の展覧会だから二年がかりといってもよいとのこと。それも毎日毎日、縫い続けてである。

仔細に観察して、その作業の綿密、緻密の様子にまた驚嘆した。一般の家庭の主婦の片手間の作品とはとうてい思えない、溜息の出るような立派なものであった。

継続は力なりというけれども、何事でも極度の集中を持続することは難しい。五ミリ間隔の運針を、それこそ何万回も何十万回もするに違いない。また途中の試行錯誤も数限りないという。それゆえに毎日、惰性ではなく古人の云う「苟《まこと》に日に新たに、日々に新たに、また日に新たなり」と縫い続けるのでなければ、作品は出来上がらない。

さてよく考えると、人間の生活のあれこれで継続されないものは、あまりないのではないか。仕事、学習、家庭や社会、習慣化された行動が毎日のように続いている。しかし洗面やバスに乗ることや、出勤することを称して、継続は力なりとは言わない。

習慣化された行為をあえて継続していると表現しないのにはわけがある。それは他人に説明を受けなくとも自分で分かるほどの道理であろう。

仏陀の弟子で周利槃特《しゅりはんどく》という人がいた。

弟子中で、この人ほど愚純な者はなかったが、大変に仏陀に帰依していた。しかし思いの丈に反して、仏陀の説法の半句さえ覚えることが出来なかった。あるとき嘆いて門の傍らに佇んでいると、仏陀が声をかけてくれた。自分の暗愚をたどたどしく告白する。

仏陀は「よろしい周利槃特よ、今日から私の法座に加わらなくともよい。しかし、ただ一つの行ないを、これから続けなさい」と諭された。それは「塵を払え、塵を払え」と、ほうきを動かし庭を掃くことであった。

周利槃特は、それから朝起きてから晩寝るまで「塵を払え、塵を払え」と庭を掃いた。一日二日、一月二月、半年一年と。その日からの毎日は、周利槃特にとって初めて仏陀の教えを実践する毎日となった。仏陀と日々新たに一緒に生きる毎日であった。数年が過ぎてもそれは変らない。

そんなある日、彼は清められた庭を、それも気づかずに掃きながら、ふと「塵って何だろう」と思った。途端に彼は大きな悟りの真直中にいた。「塵はなかったんだ、塵なんかなかったんだ」と。

この継続の果てに冥加《みょうが》を希《のぞ》むのは人の常であるが、周利槃特は果たしてそれを希んだであろうか。

後に彼の墓から一本の草が育った。それが後年、茗荷《みょうが》と呼ばれた。食べ過ぎると記憶が悪くなるというこの茗荷、そこに本当の冥加が潜んでいると思えないだろうか。

心の鏡をみがく

世間から離れて、山に入って修行をする。これを出家というわけだが、この道に二十数年、世間知らずになるのはやむを得ない。

しかしその分、世間を違う眼で観る訓練をさせられる。結局、世間と真っ直ぐに向き合って色々な判断をしてきた。

これが、世間知らずは恐いということだろう。もちろん出家に限ったことではない。

そうして、この恐さはばかにはできぬ。

昔の禅者は山中に十年、二十年は普通で、時には一坐四十年という至人もあった。

この高僧たちの眼前にあるものは、遠い連峰や瀑布であり、四季折々に変化する木々であったり、戯れに現れる鹿や虎である。

世間知らずというよりも、歴史や時代の外に生きている人たちであった。中国の仏教史を一瞥《いちべつ》すると、このような聖人がたくさんいて、しかもその人たちの影響力は、空間や時間を越えて大きく都に及んだのである。徳の力といえる。その力とは、一言でもっていえば、正しい観点に立って社会を判断し導いたということだ。

これは偉大な人たちの特性からのみ可能なのだろうか。

近頃こんな記事を読んで面白いと思った。

ある老いた女性の娘が、出無精《でぶしょう》になっていた母に付き添って銀座あたりか繁華街を歩いた。物珍しそうに世間の様子、若い人たちの世相を見て、このおばあちゃん無事に帰ってきた。

家族のものが「どうだった。楽しかった」と聞くと、「ああ、ありがとう。たくさんの若い人たちの中に入って、久し振りに街を観たよ」という。

「それで若い子たちは、どうだった」と尋ねると、「皆、ずいぶん綺麗にしているね。私たちの娘の頃とは較べものにならないよ」、「そうでしょう、日本の女性も昔より綺麗になったでしょう」。

「ああ、でも、何かが違うね。うん。そう品がなくなったね。先が、ちょっと心配だよ」

と言われた。

皆は一瞬に絶句。ぐっと考えさせられた——とあった。

このおばあちゃん世間に出なくなって何年か。しかしその見るところは真っ直ぐであって、一点の曇りもなかった。そうして若い人たちに品性がなくなった。そう徹見した眼力は、いったいどこからきたのであろうか。

どんな鏡でも、鏡は磨けば磨くほど美しくなる。そうして、その面が鏡であることさえ分からなくなる。

あたかも存在していないかのようになる。

こんな鏡にこそ、あらゆるものがきちっと写る。つまり、このおばあちゃん、家を出ずに自然の移り変わりのなかで、確かに心の鏡を磨き続けたのだろう。だから写る。

その確固たる生活から品性は生まれ育つ。しかもその品性は時に恐ろしい言葉を放つ。

実はこの恐ろしさは誰もが持っていて失ってはならぬもの。しかし世間はこれを損なうものが満ち満ちている。

だから今こそ、この心の鏡を磨き続けなければならない。

役目がある

麻酔をかけられた。

もちろん局部麻酔は、怪我や歯の治療で何度も体験している。しかし、全身が無感覚か、それに近い状態になったことは初めてである。

有り難いことに、身体は至って健康だが、定期検診は必要だという助言で、胃カメラを呑んだわけである。

喉の局部麻酔の調子が悪かったのか、嘔吐感を除くためなのか、少量の麻酔薬を点滴を通して入れてくれた。

すると、想いもしないことが起きた。

チクチクとした痛みが腕全体に走って麻酔が入ってくると、後はもう夢うつつになってしまった。そこで内視鏡を胃や十二指腸の近くまで入れられたのだろうが、夢の中で自分がそのカメラになって、胃の内部を覗いているような気分なのだ。

茜色《あかねいろ》の空間を漂いながら眺めまわしている。それが実に穏やかで気持ちが良い。まあ、このままでも良いかなというぐらい。

それからどの程度の時間を経てか、実感としては同時だろうか。こう思った、というよりも考えた。

——いや、ここには長居はできない。自分には役目があるからな——と。

途端に眼が醒めた。元の病室である。

醒めたというよりも、起こされたというところか。幻覚には違いないだろうが、いかにも不思議な思いがした。

この役目という言葉は、人生の手枷足枷《てかせあしかせ》のように感じられて、権利の対局に置かれる責任とも少々ニュアンスが違って、重苦しい雰囲気さえある。

二十数年前、出家して間もない頃。この役目ということの本当の意味を教えられた。

それはこうだ。

雲水は衣の上に、手巾《しゅきん》といって太巻きの黒い帯をする。その結び目は独特で美しい。

この手巾をすることの意味を、ある先輩から尋ねられた。もちろん何のことかさっぱり分からない。

するとこの先輩は、「それはな、この結び目から分かるだろうが、この手巾は水引《みずひき》のことだ。世間で水引が巻かれた金封は、どこかの祝い事か悔やみ事で使われて、間違っても自分のためには使わないだろう。

それと同じで、修行者が手巾を巻くことは、その身を差し出したということだ。水引を巻かれた、というよりも巻いたこの身体は、誰かに使っていただくほかはないのだ。これが雲水の役目さ」と、こともなげに言われた。

一般的な役目は、社会的地位、立場、年齢によってさまざまで、また明確な対象を持っている。しかし、対象を持たぬ漠とした、天命ともいうべきこの役目ほど重いものはない。それは麻酔の最中でも忘れようにも忘れられないだけでなく、覚醒の眼覚ましになっていたのだ。有り難いというしかない。

だが、これはわれわれ出家の専売特許であろうか。

もし、そうとしか思えぬ人は、一度じっくりと麻酔をかけられてみるとよい。

信の一歩

季節の移り変わりは早い。

ついこの間まで秋だと思っていたら年末となり、正月が来て厳冬になる。まことに光陰箭《や》の如しである。

そうして人も変わっていく。

修行の場や教育の世界に身を置いて、人を観察すると、人は成長していくのだとつくづく思う。とくに青少年たちを仔細に観《み》続けると、はっきりと感じる。

だが、人はそれぞれに成長の仕方があって一様ではない。自分の来し方を顧みても、節目節目に、成長と挫折の因と縁とが見え隠れする。

そうではあっても、人は誰でも一生をかけて成長していくのである。

今夏、一人の青年が修行に来た。

在家の修行者を一般に居士《こじ》というが、この居士氏は、また高等学校の教師であった。

しかし、不祥事を起こし停職となっていた。彼の才能や、真摯な反省と教育への情熱を惜しむ上司が、彼を救う意味で、道場で修行させてほしいと頼んできたのだ。

会って話しを聞いて、ともかくも預かった。

三ヶ月と一応、期間を定めた。

もやしのように青ざめたこの居士さん、炎暑の中、朝晩の勤行《ごんぎょう》、坐禅、作務《さむ》。托鉢《たくはつ》にこそ出ないが、消燈後の夜坐《やざ》まで雲水《うんすい》と一緒の生活を始めた。

途中、二度だけ会って茶礼《されい》をしたが、あっという間に彼の三ヶ月が過ぎた。

三度目の相見《しょうけん》で最後の日となった。一通り家族の生活の様子などを聞いて、「さて、この修行はどうだったかな」と尋ねた。

すると彼はこんな話を始めた。

「実はこの三ヶ月の間に、再三再四、もう駄目だ、倒れてしまうという場面があったのですが、そのつど救われました。それは、老師に初めてお会いした時に、『修行はもう駄目だというそこから始まるのだ』と言われました。

初めはなんのことか分かりませんでしたが、修行が始まると直にこの駄目だという限界が襲ってきました。疲れと暑さと緊張、立っているのか座っているのか分からない、このまま気絶するよりも死んでしまうのかなというほどの毎日でした。

しかしどんなに苦しくても私にはもう逃げるところがありませんから、耐えて耐えて、それでも耐えきれなくなってそこで倒れかけると、不思議なことに雲水さんの背中があったり、抱きかかえられて救われてしまうのです。誰かが何時も助けてくれます」。

「老師の言われたように、駄目だなというところの先はなんとかなるものですね。もちろん完全には分かりませんが」と、彼は結んだ。

この居士さん、実に穏やかな良い眼になっていた。

人は成長する。確実に成長する。だがそれには限界まで登りつめる実践と努力が要る。さらにもう一歩を踏み出さなければならぬことをも、彼は体験して知った。

この一歩を踏み出し、大いなる存在に身を委ねることを「信」というのだ。

心の上なる刃

若くして栄光をつかみ、世に貢献する人がいる。しかし大半は挫折や失敗を繰り返し、そのことでまた悩み苦しむものである。

挫折の原因は種々あって、一概にこうだとはもちろん言えるものではない。

一般的には辛抱が足りないとか、耐えることを知らぬとかで片付けられ、若い時は得してそんなものだと言われる。

「待つことを知る者は勝つ」と、先々代の逸外《いつがい》老師はよく言われたが、この待つとは耐えることとも、また我慢根性《がまんこんじょう》にも通じる言葉である。

その待つこと、耐えることで人生の勝利者になるのだ、と老師は極論された。

これはどういう意味か。

この頃、こんな事件があって考えさせられた。

ある会社の三人の社員が、それぞれバイク二台と乗用車に乗って、仕事が済み会社に戻ろうとしていた。

交差点で信号が青から黄に変わった時、一台のバイクはそのまま直進し、もう一台のバイクと乗用車は停止した。するとその停車中の二台に対向車線から、若者たちの運転する車が無謀にも信号無視をして交差点に入り、蛇行をして突込んできた。運転手側に激突。車が大きく振れ、バイクに強く当たり、バイクが跳ばされた。……二人の運転手は死亡。真面目で前途有望な四十代の男性。規則を守り、待つことで惨事に遇う。

それも取り返しのつかぬ事故で、貴い命が奪われた。真に不運としか表現しようがないが、世にはこんな不条理なことが少なくない。

努力によって若年で成功する人もいる。努力をしても報われぬ人もいる。

正しく生きて、毎日を努めて、それでいて挫折続きの人がいる。一般的には何の落度も責任もないのに生命を奪われたり、大きな不運に見舞われる人もある。

人の社会、自然の営みのなかには、しばしば人智を越えた力がはたらいたとしか思えぬことが起こるものである。

このことには、人は耐え忍ぶ以外、道はない。

人の世のことでは、耐えて忍んで待つことによって、不運を好運に変えていくことは可能である。それゆえに人は努める。しかし、このどうしようもない事実が時に起きたならば、このことに対しては、忍の一字しか言葉がなくなる。

さて忍という字は、心の上に刃が乗っている。その刃はまた自分に向いている。

実に危ない。油断ならぬものだ。

戦々恐々として薄氷《はくひょう》を踏むが如しというが、まことにその状態である。人の一生とは結局こんな薄氷上のこと。

それを素直に受け入れることが、忍ということ。そこで精一杯の務めを果たすこと。これが、心の上なる刃の意味であろう。

禅者は乞われて「忍」の一字を大書すると、だいたい脇に「更に参ぜよ三十年」と書く。

薄氷の上に三十年乗っていることが、忍。

そうして三十年たてば、必ず春は来る。

魂の涙

「ガイア・シンフォニー」を正眼短大で上映したが、不思議な映画である。

普通は一度観賞したらそれまでで、映画館を出ると現実が待っている。ゆえに感動の余韻がどれだけ残ったかが、映画の価値であろう。

しかし、この「ガイア」という映画は、感動が文字通り人を動かしてしまうようだ。自主映画のボランティアの輪が、全国的にどんどん拡がっているらしい。

先日、監督に会ってこんな話を聞いた。

「ガイア」三部は、意図せずに三つのテーマからなり、またいずれも大きな力に導かれるようにして、撮らされた映画であるという。

魂と心と肉体が、その三つであるが、もちろんこのテーマが混然と融和しているので、第一番は魂の面から追求されたものだろうくらいにしか、われわれには分からない。

さて、この映画に出てくるハイポニカ農法の野澤さんのトマトには後日談があった。真赤に熟した、五千個のトマトを撮影する予定日に、龍村監督やスタッフが急遽、外国に行かざるを得なくなってしまった。

もちろん皆が祈るしかなかった、「どうか、トマトたちよ、待っていてほしい」と。奇跡か、十日ほどして帰国すると、実が一つも落ちていないという。直ちに撮影に駆けつけて、無事終了した。

その夜、監督宅に電話があった。先のトマトたち全てが、今夜申し合わせたように、大音響と共に落ちたのだと。

トマトの魂が人の祈りに応えた。

こんな撮影秘話を話す監督も、聞くわれわれも、気付けば眼に涙が浮かんでいる。

涙には嬉し涙というものがある。

でも何とは思わず、涙が出ることがある。

昔の人が「かたじけなさに涙、溢るる」と表現したそのことである。「ガイア」には、この忘れて久しい「かたじけなさ」が、それこそ溢れているのである。

まだ修行の初期、自分も何人もの厳しい先輩に鍛えられたが、とくに忘れられない人がいる。

その頃は、寸刻の休みも取れず早晨《そうしん》三時過ぎから、夜半まで行事に追われていた。

さらに夜坐《やざ》という自主的坐禅を終えて寮舎に戻ると、この先輩は必ず「今、何時だ」と詰問するのだ。

「十二時十分前です」と答えると、「まだ早い、坐って来い」と言う。

万般この調子、情け容赦なかった。

相当の恨みを持ってこの人に仕えた。

それから十年ほど経って、紀州の寺を預かり、大行事に大童《おおわらわ》の時だった。この先輩が大変な病を押して訪ねて来てくれた。

「貴公《あなた》が活躍していることを聞いて、どうしても会いたくてね」と言ってくれた見る影もない姿に、それこそ涙が溢れた。

それから間もなくして、この人は亡くなった。今でもこの人のことを憶うと、恨みを越えた辱《かたじけな》さに涙が溢れるのである。

こういう涙を「魂の涙」というのだろう。

祈りの原点

父が逝って十年。時々に想い出す。

父は東京の田舎寺の和尚で、役所を退職後、ようやく寺務に専念できるようになった。そうして普段は、朝課の最後で必ず十句観音経《じゅっくかんのんぎょう》を何遍となく誦すのであった。

それは祖父が四十二歳で急死するなど、比較的短命の家系ということもあって、師である平林寺の大休《だいきゅう》老師の教授を終生、貫いたからである。

つまり、このお経は正式には延命十句観音経で、その名の通り寿命を延ばす功徳がある、と昔から説かれている。

有名な白隠禅師も霊験記などを著され、盛んにこの経を読むことを奨めたのである。老師も、弟子であり小僧であった父に、祖父の事例などを引き、教え訓されたのであろう。

父親代わりでもあった老師の言を心から信じ、以来、唱え続けてきた経は、子供である自分が聴いても純粋で凛《りん》としていた。

その影響であろう。このお経は、また自分の念誦経《ねんじゅきょう》になってしまった。

先の白隠禅師に念仏婆さんの話がある。

ある婆さん、常に念仏を申して「ナムアンダブ」、「ナムアンダブ」と。陽が照っても、雨が降っても、畑に菜の花が咲いても、燕が飛んでも、「ナムアンダブ」と唱えていた。

いよいよこの婆さん、死んで閻魔《えんま》さまの前へ出て、一生の罪業を調べ上げられた。絶対に極楽行きを確信していたが、あにはからんや、地獄行きとなる。合点のいかぬこの婆さん、クレームをつけて、もう一度、念仏の調査をしてほしいと訴えた。

閻魔大王「念仏、ふん、そんなものあったかの」と調べるが、「何だ、皆、空念仏《からねんぶつ》ではないか」と取り合わぬ。しかし「待てよ、待てよ、ははあ、どうやら一度だけ真の念仏があったのう」と言われ、洗い出したのが次のこと。

あるとき畑仕事をしていたこの婆さん、空が曇り出したのも気付かず、もちろん「ナムアンダブ」、「ナムアンダブ」とやっていた。

そこへ、いきなり雷がゴロゴロ・ピカッ・ドーンと近くに落ちたものだから、たまらない。瞬間、頭を抱えて何もかも放り出して、必死に「ナムアンダブ、ナムアンダブ」と唱えるばかり。

「そうそう、これがあったのう」と閻魔さま、婆さんの極楽行きを認めたという次第。

この一心不乱の即時念仏《そくじねんぶつ》で、婆さんが極楽行きの切符を手に入れたことを笑い話と済ませるだろうか。

どうも神仏の問題となると、昨今は単純な願望成就の祈願所のように扱われる。情けない話である。

真の祈りというものは、祈る対象も祈る人もない一体合一の世界であることを、この例えから知らねばならぬ。

容易に欲望、願望が達成できることが、文化であり、文明の進歩だと誤解されて久しい。

そろそろ原点に還らなければならないだろう。

祈りの原点に。

それは「無心の原点」といってもよい。

矜持

桜が咲いて新学期の頃、こんな二組の母子に遇って考えさせられた。

新幹線に乗ってウトウトとしていたら、急に通路を挟んで隣の席の人たちの声が気になりだした。別に会話の内容がどうのこうのではなく、その話し方が気になったのだ。

雰囲気から仲の良い男女だろう。

女性が一方的に話していたが、その声は浮き浮きしていて、また恥じらいさえ感じさせて、微笑ましい恋人同士のように思えた。

男性は女性のかげで時々相槌《あいづち》を打つぐらいで、良く分からなかったが、年上の人だろう。

だが、ふと目をやると、なんとその若々しい声の持主は中年の女性で、隣の席の男性は大学生の息子さんらしい。

なんとも驚いた。どちらが大人なのか分からない。この母親《ひと》は全く息子に甘えているようにみえるのだ。

またその日の帰り、やはり新幹線の中で読書をしていて疲れて眼を上げると、一人の背の高い青年が通路を歩いて来る。

頭に原色の布をきちっと巻いて、ジーパンを穿《は》き、長袖のシャツを着こなし、颯爽《さっそう》としている。髪が刈り込まれているらしく、それがまた似合っていた。

私と眼が合うと、彼はすぐ眼をそらし傲然《ごうぜん》と過ぎていったが、その後ろに少年と女性が続いていた。そうして、この女性が通り過ぎた時、一瞬、吾が眼を疑った。

この女性《ひと》は、雲水《うんすい》の被る網代笠《あじろがさ》を両手で持っていたのである。

しばらく判断のつかない時間があって、それでも直ちに事情が呑み込めた。

つまり、この青年は明日どこかの修行道場に掛搭《かとう》（入門）するに違いない。

そして、その母は初行脚《はつあんぎゃ》の息子が心配で、弟を伴って網代笠さえ持ってやり、明朝の道場の入口まで見送るのであろう。

今日このような光景は、決して珍しいことではない。

しかし、たまたま二人の母親を見て、これで良いのだろうかと考えさせられたのだ。

人には人の矜持《きょうじ》がなければならぬ。もちろん母には母としての矜持がなければならぬ。

子供は時として、そんな厳しい母を通して世の真理や、もっと大きな存在を考え始めるのだ。

恵心僧都《えしんそうず》は『往生要集《おうじょうようしゅう》』を著した平安時代の高僧だが、いまだ学僧の頃、国家の資格試験に好成績で合格した。そこで喜んで母親に報告し、その賞品等を送り届けた。

だが、それらは全て送り返されてきて、母の歌が一首、添えられていた。

「世を済《すく》う聖《ひじり》となると思いしに　世を渡る僧となるぞ悲しき」と。

恵心僧都が後世に残る名僧となるのは、この母の言葉に発憤したからである。

母の吾が子への愛は純粋一途であろう。

それゆえに、子は全幅の信頼を寄せるのだ。

母としての矜持がいかに大切か、と思う。

南溟の島

南溟《なんめい》の島サイパンに毎年、行っている。

大戦から五十余年、いまだに日本軍玉砕の島として、慰霊に訪れる人は尽きない。

自分は戦後生まれだが、兵戈《へいか》の残滓《ざんし》を知っている。それゆえに、慰霊の巡拝ができることを有り難い役目と思っている。

人には五十余年の歳月は、長くもあり短くもある。

いつも一緒になる三姉妹。彼女たちの父親は、終戦近くなってこの島に派遣され、野戦病院で亡くなられた。姉が四歳、妹たちはそれこそ父の姿の記憶すらない。

それぞれが成長し、家庭の主婦となって余裕ができた今日、毎年のように父親に会うため、三人共に海を渡るのだ。

その日、有名な万歳岬《ばんざいみさき》で花を捧げ、海に向かってお経を誦んでいたら、眼下はるかな海原を、ゆったりと大きな亀が泳いでいるのが見えた。紺碧《こんぺき》の海に甲羅《こうら》から出たクリーム色の手足がゆらゆら動いている。

近くにいた三姉妹に知らせると、彼女達は途端に涙ぐんで「お父さんが会いに来てくれたよ」と口々に喜び、岩陰に亀が隠れるまで、手を合わせ涙を流し続けていた。

この父娘の五十年の歳月がなくなったような一瞬だった。こんな美しい光景を見ていたら、急に去年のテニアン島の慰霊を憶い出した。

サイパンから望見できるテニアン島は、広島と長崎への原爆搭載地であることはもちろんだが、戦争の傷跡がずいぶん残っていることでも知られている。

われわれは幾つかの慰霊法要をし、午後は浜辺でゆっくりと休息というコースを選んだ。サイパン、ロタ島を経てテニアン慰霊と続き、少々、心が重苦しくなっていたのだ。どこか涼やかな椰子《やし》の木の下で、寝ころんで深呼吸でもしたい気分だった。

一行は混成で、別のグループの人や、個人参加の人もいたが、おおむね同様の気持ちのようだった。

だが、個人参加のある老人が大声で、さらに南端の岬に行きたいと主張しだした。その上、われわれも一緒に行くものだと決め込んでいた。ガイドは困ったが、契約以外のことだから別料金を貰うと言う。

しかし、ただ一人この老人をバスに乗せて行かせるわけにもいかず、われわれは結局その熱意と至誠《しせい》に負けてしまった。

そこは素晴らしい景観を持つが、寂しげな所だった。

われわれは精一杯の法要をした。

そうしてこの老人は、調子はずれの心経《しんきょう》と、軍歌をお経に関係なく唱《うた》うのであった。爆風でこの人の聴力が失われたことを知っていたので、その姿はおかしくも悲しくもあった。

そうしてこの老人が大粒の涙をぬぐおうともせず、軍歌を歌う姿を見て、われわれのあの重苦しい気持ちが一気に晴々としたのを、誰もが感じていたのである。

こんな涙を見て、きっとこれを憶い出すために南溟の島に渡ったのだと誰もが思っていた。

どうも人は、こんな深い悲しみの果ての美しい涙を忘れてしまったようだ。

母の手紙

また母のことを書く。

母のことを思えば、自分の母親のことを考えざるを得ない。

そうして、自分の母のことを想えば、自分の幼いころのことを憶い出す。

そのころのことを回想すると、母の温もりと香りを思う。暖かく、甘酸っぱい、なんとも豊かな母の香りを思う。

人は母親のことを思い出すと、どうも大抵のことに耐えられるもののようである。

世の偉人や、著名な人には必ずと言ってよいほど、母親への熱い思い出があって、それが人生の成功の礎になっている。

多分、この幼き頃の母に守られ、支えられた体験が、後の艱難《かんなん》への対応に大きな自信を与えているのだろう。

まだ修行が右か左か、自信も安心も得られぬころ、母から一通の手紙が届いた。

修行中の息子の身を案じ、また家族の心配事や愚痴も含めて、そう長い文章ではなかったが、初めての母からの手紙であった。

その中に、旅の記述があって、道場の近くの駅を通過したことが書かれていた。

出不精というのか、旅が苦手なはずの母にとって、一大決心をしての旅行だったようだが、それもこの道場の近くを通るゆえであったのだろう。

それから、「この先に、お前が修行をしている道場があるのだと想ったら、涙が出てきてしようがなかった」と書いてあった。

まことに切ない内容だが実に有り難く、表現のつかぬ感情で自然に涙が溢れてきた。

以後、この手紙は頭陀袋《ずだぶくろ》にある。

滅多に読み返さないが、常に持ち歩いていることになる。

母が逝って六年、未だに頭陀袋の底にある。

先々代逸外老師は十二歳の時、願って出家をされた。

生来病弱で、しかも浄土真宗の檀家であったので、地獄極楽の話を何度も聞かされて、

慈しみの母 Mother of Compassion

子供心に発心《ほっしん》されたのであろう。

その出家の日、老師の母は息子を仏壇の前に連れて行き、「今日からお前は母の子ではない。父の子でもない、お釈迦様の子供です。だからお釈迦様のお顔に泥を塗るようなことのないようにしなさい。もうお前には後光《ごこう》が射しています。ですから、私はお前の上座には坐れません。また仏の子は必ず、人のために生きなければなりません」、と諭《さと》された。

老師はこのことを終生忘れず、遷化《せんげ》されるまで人に言い続けられたのだ。母からこのような「魂の教育」を受けたからこそ、今日の自分があると。

「百千億の人に百千億の母あれど、吾が母に勝る母なし」と昔から言われる。

まことにその通りである。

しかし、それは単に肉体を有する母が尊いのではない。子として深い慈愛を受けた体験が有り難く、そのことで人の一生に勇気と希望と熱情を与えてくれる存在だからこそ、尊いのである。

I先生

I先生が逝った。六十三歳。

しかし、先生の最期はいかにも良かった。

自分は縁によって、葬儀の導師をさせてもらったが、式もまた格別であったと思う。

先生の一生の仕上げに、有縁のたくさんの人たちが参加して、まるで「われわれも、いずれ後から行くので待っていてくれ」と、卒業する先輩を送別するような式だった。

先生の友人が弔辞を読んだ。と表現するよりも、棺を抱いて語り出したという方が正しい気がする。自分も含めて耳を傾けた者、皆が泣かされた。

先生が子供の頃のことだそうだ。

頼まれて、魚を自転車で運んでいた時、箱を小脇に抱えて片手運転だったせいもあるが、急に小石にハンドルを取られ、転んでしまった。先生はもんどり打って倒れたが、魚を庇《かば》って手や足をしこたま傷つけた。

血を流しながらも、再び自転車に乗ろうとするのを見て、友は叫んだ。「なして、お前は魚を投げ出して、自分を守らなんだ」と。すると先生は「いや、みんながこの魚を待っているでな」と答えたという。

なんとも、I先生のそれからの人生を象徴する話だった。

先生の親切は有名であった。頼まれたことは何でも精一杯された。医術でもって人を治す立場であったが、ついに自分の身体を治すことができなくなっても、相談の人が来れば、一人ひとり丁寧に応じられた。

先生は常々、人の最期は「さて死ぬか」でなくてはならぬと言われていたが、ご自分は亡くなる数日前に「おれはもう死ぬでな」と家族に言われたという。

そうして当日、連絡が来て枕経《まくらぎょう》に駆けつけた私は、亡骸《なきがら》を前に不思議な思いがしていた。

遺体が蝉の抜け殻のようにみえるのだ。

実は、先生は死の五、六時間前に、突然意識不明の状態から眼を醒まされ、見守る家族の前で延々と話を始められたという。

明瞭な言葉で、皆は怪しんだが聴いていると、どうやら講演や大学での講義の様子。また、急に好きな歌を唄い出したりもした。

時々、奥さんが「お父さん、お父さん」と呼びかけると「ありがとう」と答え、また話を続けられたという。
五、六時間もの間、一切を話し尽くし、語り尽くし、唱い尽くして、先生は息を引き取られた。
枕辺で、これらのことを家族の方々から聞かされて、ようやく納得がいった。

「さて死ぬか」は先生の著わされた本のタイトルである。

生き抜いて、生き尽くして、全く使い切ってしまった人の躯骸《からだ》が、今ここに残っている。

だから未練も残念もない。

これこそ「さて死ぬか」の本領であったのだ。

人は皆、生きてきたように、またこの世を去っていく。だから「さて死ぬか」は、本当のところ「さて今日も生きてみるか」だ。

とは申せ、実際生き切ることは真に難しい。

天職

僧堂では制（修行期）が変わると、雲水の役割も交替する。

それぞれが新しい役に戸惑いながらも、日毎にそれらしくなるのは世間と同じである。

食事係りになった者が、こんなことを言う。

「今まで食べてきた母親の味、レストランの味を億い出して、その味を出そうと色々と工夫したのですが、結果どれも不評でした。

叱られて、叱られてどうしたら良いのか分からなくなってしまい、ついに意を決して自分で旨いと思う味付けで出してみたら、これがなんと好評で、やっと自分の舌に自信を持つべきだったのだと気付きました」と。

もちろん自己満足の押し付けでは、先輩や同僚は褒めはしないだろう。しかし朝から晩まで起居を共にしているのだから、共通の欲する味というものがある。

結局、借りものの味では駄目で、自分の持ち味を悟って、それを追求し深めていくのが、雲水だけではなく一般の修行というものだ。

先日たまたまテレビを点けると、牧場を取材した番組だった。

懐かしさもあって、最後まで観てしまった。

北海道の新酪農村の苦境を取り上げていた。政府の大規模酪農を目指す、一大プロジェクトに賛同した人たちが根釧原野に入植して二十五年。その夢がいま破れようとしている。ところで、自分が出家を決意するまでには、迷いもあれば躊躇《ちゅうちょ》もあった。それは当時、別の仕事に一生を賭けてみたいと真剣に思っていたからだ。

それが、この北海道での酪農だった。

だから、写し出される場面の一つ一つに忘れることの出来ぬ感情が湧いて、わがことのように見入ってしまったのだ。

予定では莫大な設備投資も、二十五年後の今日、全て返済されて、そこから充分な利潤が生まれるはずであった。

しかし、これこそ机上の空論であった。

大型機械の故障、天候異変による牧草の収穫不能、牛の病気、何よりの打撃は牛乳の価格の低落である。累積した負債が一億円という農家も珍しくないのだそうだ。

それにしても酪農は大変な仕事である。

各種大型機械の運転や修理はもちろん、農業全般の知識、工場のような牛舎内機器の操作、さらに生きものである牛に関する知識。

それぞれに一流の技術、能力を有して初めてできる仕事で、それこそ農業の天才だよ、とインタビューを受けた経営者が語っていた。

「逃げられたらどれほど楽かと思うが、苦しくてもこれが好きだからやっているわけで、天職かな。自分にはたまらない仕事だよ」

この人は初めて笑顔をみせた。良い顔だった。

仕事を天職と言った人の笑顔は素晴らしかった。苦労が顔を美しくするというが、その通りであろう。

それならば、やはり二十五年前、自分のあの選択、出家という選択はどうであったか。

筆を擱いて、この人の笑顔をまた憶う。

法輪を転ずる

アメリカとスイスで続けて接心《せっしん》をした。

夏期冬期の修行の合い間（制間《せいかん》）には、時々その接心のために、雲水と共に国外に出る。

海外では一時のブームが去って、禅が今は静かにしかも確実に普及している。

もちろん、自分がその一翼を背負っているのだという気負いで彼の地に赴くのではない。

先師の遺志や、数々の因縁で出ていくわけで、法縁というものは真に不思議である。

望むと望まざるとにかかわらず、何かをさせられてしまう。この度もそうである。

それにしても、米国と欧州では人の気質は確かに違う。

禅に対する態度、真摯さには大差はないが、陽気で楽天的な米国人に較べて、思索的でひたむきな求道者風が欧州人であろうか。

しかし、一様に瞑想の世界、心の静けさこそ一番大事なことと認識して、その実践に生き甲斐を感じているのは間違いない。

簡単に言うことは出来ぬが、欧米の参禅者は、とかく自己主張による権利の獲得と、責任の所在の曖昧さで自分の立場を優位にしていく世情論理に、どうやら深い懐疑を覚えているようである。

いったい坐禅修行する彼らに、その見返りはあるだろうか。世間常識では、全くないと言える。

出家したところで、赴く寺がない。その上、日本のように法事や葬式がある理《わけ》がない。それでも、ただ坐禅がしたくて、いや坐禅をせざるを得なくて、禅堂に来るのである。それゆえに、道を志す道心において、日本の雲水にもっと襟を正してほしいと願う。そのために、彼ら雲水と行くのだと言っても過言ではない。

スイスでの接心中、禅堂の責任者で運営を任されている弟子がこんなことを言う。

「以前のように、この禅堂の経営をなんとかしなければという気持は、今はあまりありません。実際は、禅堂と自分のアパートの家賃、生活諸経費は、今までの収入では不充分どころか、やっていけません。しかし坐禅を続けていると、思いもかけぬ人が援助してくれたり、またメンバーの人数も減るどころか増え続けています」。

そうして日本に留学、僧堂で数年間、修行した彼はちょっと下手になった日本語で、「やはり法のことだけを思って、生きていけば良いのですね」と結んだ。

これを聞いて、驚くと共に嬉しくなった。

仏教に、「法輪《ほうりん》転ずるところ食輪《じきりん》転ず」という言葉がある。

法を学び、それを正しく実践していくことで、食つまり生活ができるのであって、先ず食輪を一所懸命に回そうとするのは間違いである。というよりも不可能であることをいう。

ただ、これは仏法のことであって世法ではないと、一般には思われている。

しかし、彼は何年も、仏教の伝統のない国で、苦労して身をもってそれを学んだのであって、理屈ではないのだ。これが強い。

だから、そのとき自分は、この法輪の輪がさらに広がることを心から願っていた。

II

味わう

年の瀬になると、決まって今年の新春行事をまるで昨日のように憶い出すが、これは自分だけであろうか。

今の世の中、全く一年が早い。大人は大抵こう思うが、昨今は子供たちでさえ、そう感じているのではなかろうか。

ともかく皆、なべて忙しい。

僧堂の新年は、年越しの諸行事と、静かな除夜と、深更からの歳旦《さいたん》行事で始まる。

一杯の昆布入り梅湯が、新しい年に初めて口にする飲み物で、大福茶礼《だいふくされい》と呼ぶ。

早晨に白粥を喫するというのが、僧堂の朝食。

しかし、正月三が日ばかりは雑煮だ。とくに元日は祝餅と言われて、白味噌仕立の雑煮、別にお節《せち》が少々、餅は好きなだけ食べることができる。

ところでこの粥座《しゅくざ》、普段は皆と一緒に食堂《じきどう》でいただく。それも米七、麦三の麦粥《ばくしゅく》で、梅干と沢庵の菜。

それだけの朝食だが、実に旨い。五臓六腑《ごぞうろっぷ》に泌みわたると表現すると大袈裟だが、そんな美味しさがある。

時に私室で一人で食事を済ますが、雲水と同じものなのに、昆布の佃煮などを粥に混ぜて忙わしくいただくと、途端に味が落ちてしまう。

不思議である。

お粥を口に入れて、じっくりと味わえば、それが天井粥《てんじょうがゆ》といわれるような水っぽいものでも、本来の粥の味は旨い。もちろん沢庵も梅干も。

しかし、要領と忙しさで皆、混ぜ合わせて食べると、どうも違う味で、美味しくないのである。

そう言えば、以前紀州の寺の先老師が、病気で入院中、付き添いとして何人もの家政婦さんが面倒を看てくれたが、大半の女《ひと》が食事の時、病院食そのままでは喉を通らないので、ミキサーで全てを粉砕し、流動食のようにしていた。

スプーンで食べさせてくれるのだが、老師はいかにも不味《まず》そうに呑み込まれる。その様子を見て、自分は申し訳ないと思うのだが、止むを得ないと諦めていた。ところが、一人の家政婦さん、実に優しい女《ひと》だったが、食事をミキサーで粉砕するにも一品一品、別にしてくれ、お粥はお粥、菜は菜で細かくしたのを食べさせてくれていた。すると老師はにっこりとされ、実に美味しそうに食べられたのである。

眼の醒めるような思いとは、こんな時のことを言うのだろうか。

病んでいる人でさえ、食物の本来の味を分かっていて、それらを混ぜ合わせることで、かえってそのものの味を損ねてしまうことを識っているのである。

しかし、一般に病んでいない人がそれを理解しているだろうか。

まさに一年は早い。複雑な社会ほどそうだ。今われわれは便利やスピードを重視し、曖味で味気ない人生を送っているのではなかろうか。

だからこそ、この一瞬一瞬を、食事の一品一品を噛みしめて味わうように生きたいものだ。

一万の太陽

K氏はハンガリーの国会議員である。

もともとは映画監督で、その方面では非常に高名な方らしい。

二年ほど前、政府の仕事で岐阜を訪れ、正眼寺にたまたま来られた。

今回二度目の訪問は、あらかじめ岐阜県の方から、監督に県を紹介する映画を撮ってほしいと要請が出て、それを承諾されての来岐ということだ。

正眼寺もその中で、ロケ地となり、その上小衲《わたし》も出演者の一端を荷負《にな》うことになった。

再会して、挨拶もそこそこに色々の取材を受け、二日がかりの撮影も、僧堂の行事を損なうことなく無事終了したのだが、スタッフの人たちも含めて、待機する時間が多く、寒さも加わり、かなりきつい仕事だったようだ。

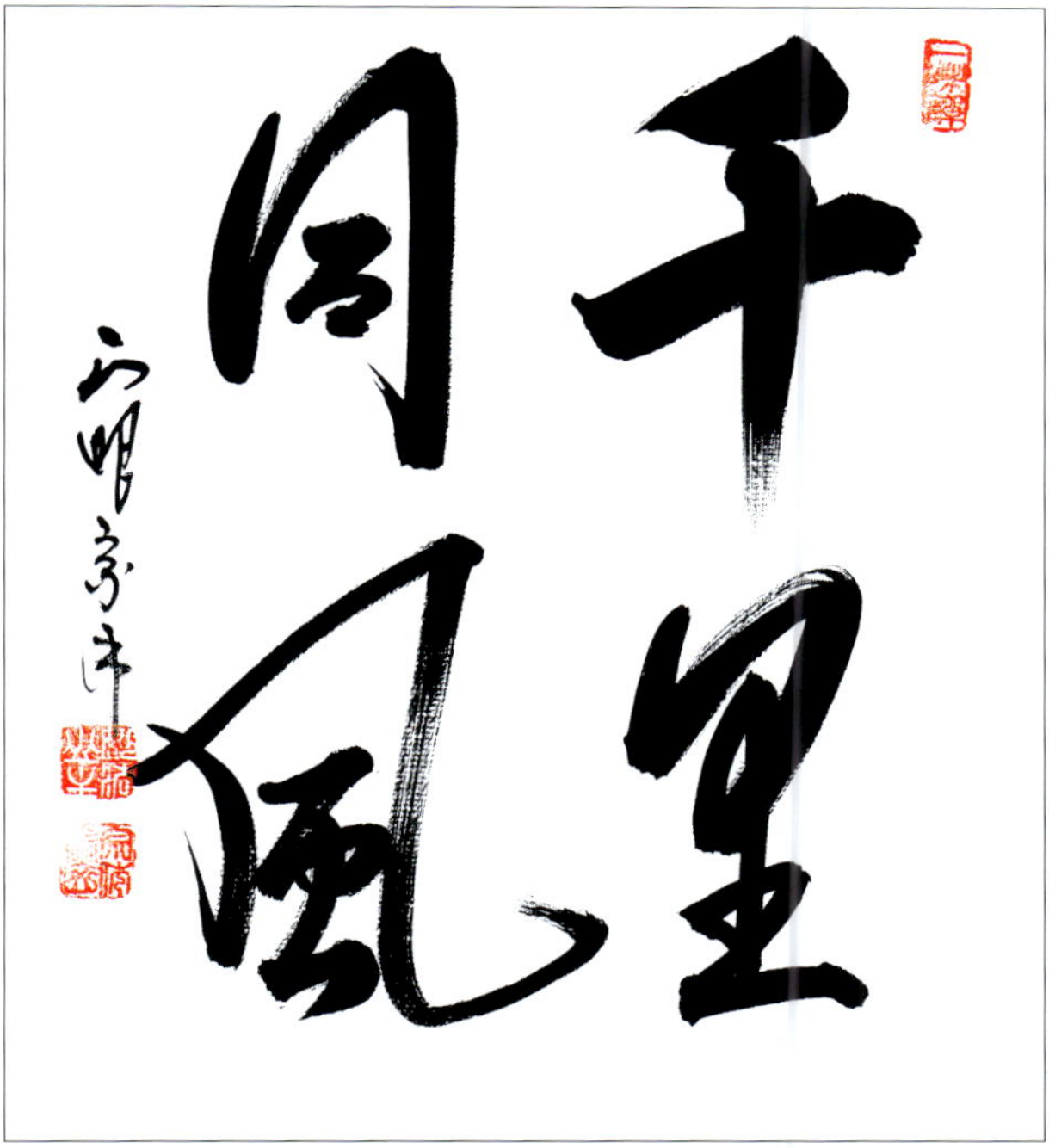

千里同風

しかし、K氏は「良い仕事ができたので、大して疲れてはいません」と言う。真にプロの言葉だと思った。

お茶を飲みながら、氏は自分の生い立ちや、なぜ国会議員になったのかとか、また仕事のない時はいつも石積みをしているなどと、取り留めもなく話しをされたが、ご自身のお祖母さんの話を始めると、いかにも嬉しそうで、よほどお祖母さんを尊敬しておられたのだろう。

彼女は小学校までの学歴しかなかったが、聡明で実によく働く明るい女性だったようだ。氏がまだ子供の頃、ハンガリーは暗い冬の時代であった。しかし彼女は畑仕事の傍らで手伝う孫たちに、こう話して励ますのだった。

「今この国は暗い闇の時代だけれども、地球の裏側には必ず太陽が上っているのだよ。そうしていつか、この国にもたくさんの太陽が昇り、春が来るのだよ」と。

それを聞いた瞬間、小衲ははじかれたように昔の記憶がよみがえって、「憶い出しましたよ。そんな映画の一シーンを。確かヨーロッパの映画だった。学生の時でした」と言っていた。

するとK氏は、本当にびっくりした表情で、「実はその映画は私が作りました」と言う。

しばし二人とも、ただただ不思議な思いで顔を見合わすばかりであった。
記憶の彼方で忘れ去られていた二十数年前のことを突然思い出すと、それが今日、目前の人の制作した映画の一シーンであって、しかも彼の祖母の言葉であったとは、想いもかけぬことである。

さてハンガリーは今から約一千年前に、中央アジアの一民族が欧州に大移動して出来た国で、それゆえに国民にはアジア民族の血が流れている。

K氏が僧堂の撮影を心に強く希《のぞ》んだのは、この血の故かもしれぬ。

そうではあっても、九十何歳かで亡くなった監督のお祖母さんは大変な叡知の持ち主であったように思う。

ハンガリーの裏側の国とは日本なのだ。

なんとも不思議な縁《えにし》を感じる。

ちなみに、この映画の題名は「一万の太陽」である。

春を待つ

時、大寒の頃、修行の世界はまさに一段と熱が加わってくる。

正眼寺でも釈尊の成道《じょうどう》の体験を尊び、正月の十五日より一週間、不眠不休の行に入る。

これを臘八《ろうはつ》の大接心《おおぜっしん》という。

一般には臘月《ろうげつ》（十二月）の一週間、八日目の未明までの集中的修行期間を言うが、正眼寺では敢えて一月に行なう。

俗に命取りの接心と言われる。

一週間を一日として、横になることも風呂に入ることも、剃髪日《ていはつ》さえない。ただただ、坐って坐って坐り抜くことだけが課せられる。

三度の食事と二便の往来のとき移動するだけで、朝晩の勤行《ごんぎょう》もない。

しかし不思議なことに、この大寒気の中で皆一様に熱気を帯びてくる。

それでも寒暖計はマイナス五度を越えることもあり、静かに凍てついた夜は、空気も時間も止まったようである。

雲水の手足はこの頃から荒れ果ててくる。ひび割れた手の甲から血が滲み、霜焼《しもや》けで膨《ふく》れた足の指は黒ずんでいる。踵のひび割れから血が点々と廊下に着くことさえある。

それでもこんな辛苦を経て、雲水は本当に逞しくなってくる。まるで人が変わる。

この間、来客の一人が皆の手足の荒れ様を見て、こんなことを尋ねた。

「雲水さんの手や足の荒れは、どのように治療するのですか、どんな薬や手当てをしているのですか。何が一番効きますか」と。

親切なこの人は、多分、軟膏《なんこう》か絆創膏《ばんそうこう》でも、後で送ってあげようと思ったのであろう。

そこでこう答えた。

「春になれば治りますよ」と。

瞬間その人は、口を開けたまま凍りついたように言葉がなくなってしまった。

二十何年前の冬。それこそ厳冬であった。

ある托鉢の日。小衲《わたし》は草鞋《わらじ》からはみ出た足の親指を捻挫《ねんざ》してしまった。以来、神経を傷めたのか、指の感覚がなくなった。どのように足をマッサージしても、湯につけても、薬を塗ってもだめだった。

さすがに心配になって、色々の算段もし、病院に行かせてもらおうかと何度も思ったが、修行の日々、その一言が言い出せずに、ただ覇気のみで押し通していた。

そうして春が来た。本当に長い冬だったが、春は巡って来た。

三月、四月と過ぎ、五月の寒いと感じる日一日とてない頃、踏み出した脚と共に、その指の感覚が一瞬にして戻ったのだ。

嗚呼《ああ》、なんとも有り難く嬉しかったことか。

これでまた頑張れる。大袈裟だが救われた、守られていたと深く思ったのだ。

まことに春の来ない冬はない。そうして冬を経たからこそ、春は恵みに溢れている。

その時をじっと耐えて待つこと。現代はそんな解決方法を忘れたのではなかろうか。

いのちの計らい

名残の雪の間から蕗《ふき》のとうが顔を出し、散り尽くした梅の枝に鶯《うぐいす》が飛び回る頃、僧堂もまた春となる。

自然の移り変わりが、はっきりしているのが山深い道場の特徴であろうか。

しかも、この時期は雲水の下山と上山が頻《しき》りで、人の入れ替わりの季《とき》でもある。

正眼寺には別に尼僧の道場がある。数年前のこの頃、尼僧堂を暫暇《ざんか》（下山）した者から電話があった。

久し振りであったが、元気そうだった。彼女は六十歳を越えてからの初行脚《はつあんぎゃ》で、その大変さは余人には推し量れないだろう。

しかし、三年間を耐え抜いて、本当に尼僧らしくなった。

下山の後も、紀州の興国寺《こうこくじ》の坐禅会に通い続けて、裏方で徳を積んでいる。亡夫の遺志で、奈良に小庵が建立され、その住職としても、さらに三年が過ぎていた。四方山《よもやま》話のついでに、こんな話をしてくれた。

植物の生命の凄さ。いや「いのち」の不思議さのことだ。

京都の本山に有名な松がある。中興の住持が手植えの松で、その数百年の偉容を誇っていたが、台風のせいで倒れ、二代目が今は大きく成長し、老木になっていた。興国寺にはその孫松をいただいていた。

約二年前、彼女が本山の師匠のもとに挨拶にうかがった時、この松の下り枝のくぼみに松笠が隠れているのを見つけた。

よく見ると、小さな芽が幾つも出ている。

あまりにも可愛らしかったので、つい師匠に「あの松の小苗をいただけませんでしょうか」と言うと、「勝手に持っていったら良いのに」と答えられたので、「いや、本山から正式に頂戴し、この間、枯れてしまった興国寺の孫松の代りにしたいものですから」と願った。

そのおかげで、七、八本の苗全部を貰えたという。もちろん、彼女はその後、大切に大切に育てていった。

一年が過ぎ、そろそろ興国寺に移植しなければと、専門家に相談したところ、あいにく都合が悪くもう一年預ってくださいとのこと。

さらにもう一年が経ち、今年になったが、本山の師匠から電話が掛かってきた。「松は育っているか」と性急に聞かれるので、「はい、大層立派になりました」と答えると、「本山に返してもらえないか」と言われる。

びっくりしてよく聞くと、先の松が幹に大きな空洞が出来て、枯れてしまったのだそうだ。「そんなことでしたら、どうぞ」と言うことで、三、四本は本山に返し、一本を紀州に、一番小さな一本が彼女の庵に残る。

これを、「いのち」の不思議な計らいと言う以外にない。

二年前、この尼僧の目に留まるように、松は老いた吾が身に、子を残したのだろう。

もし彼女ではない人の目に触れて、持ち去られていたらと思うと、小衲《わたし》は未来を見通した「いのち」の働きに感動するばかりであった。

見つめ合う

アメリカ、ロサンゼルスの山中に居る。

米松《べいまつ》の巨木が林立し、その松笠は子供の頭ほどの大きさがあって、秋にはそれこそ爆弾のように降ってくる。

夏はガラガラ蛇が現われ、人を刺す蝿さえ出てきて、一年を通して、狐狸《こり》はもちろん、アメリカ・ライオンさえ徘徊《はいかい》する。

ここに禅の道場があって、生真面目な米国人の和尚と、二、三十名のメンバーが入れ替り修行をしている。

毎年、ここで正眼寺の雲水《うんすい》数名と、三、四日の接心《せっしん》をさせてもらうのだ。この道場のメンバーと、ロス市内で禅を学ぶ十数名の人たちと共に、総勢いつも四、五十名になる。

標高が千六、七百メートルもあるので、市内の喧噪も、汚染もまるで感じられない。鹿と栗鼠《りす》が歓迎してくれる道場である。

その二日目か三日目、韓国から渡ってきた女性の画家が参禅に来て、質問をしても良いかと言う。

そうして、言う。ひとりでに涙がこぼれ、非常に寂しくて耐えきれないと。

家族は韓国にいる。この国には友人もいて、恋人もいるだろうに、ただ自分が一人であると強く感じるばかりで、涙が流れるのだと言う。

だから、自分の住いから数百キロも離れた山の中に修行に来るのであろう。

「私は一人です」とはっきりと言う。

そこで小衲《わたし》も「そう、儂《わたし》も一人」と答えた。

すると「あなたは老師で人を救う人だから」と泣き笑いをして言うので、「いや、みんな一人さ」、「そうして寂しいものだ。だからこそ、人はみんな、見つめ合うことの出来る家族にならなければ」と、たどたどしい英語で答えた。

彼女はその瞬間、優しい顔つきになり、ほっと息を抜いたようだった。

冷気を浴びるように坐る。その厳しさの中で、種々の国の人が力を尽して坐っている。

その時、なぜか日本の東北の山の中に住む一人の女性を憶い出していた。

そう、「ガイア・シンフォニー」に出演された佐藤初女《はつね》さんである。

一度お会いして、本当の意味での優しさを持った女性であると思った。

きっと今頃、初女さんは枯れ枝で残雪を掻《か》き分けて、蕗《ふき》のとうを探しておられるだろう。

疲れ果てて、苦しさと寂しさで、居る場所も行く所もない人たちが、たどり着いた「イスキアの森」の女主人として、黙って受け入れ、静かに坐って彼らを見つめて、食事を出される。

傷つけるのがいとおしくて、枯れ枝を拾い、雪を掻き分けて、蕗のとうを探している。

そのシーンを急に憶い出したのだ。

人は、ただ見つめてくれる人がいる、そういう人がいて、そんなところがある、と想うだけで、苦しさや悲しさが楽になるものだ。

韓国の女性もこの道理を理解してくれたのか、彼女のひきしまった表情に温かい涙が良く似合っていた。

境内の枝垂れ桜

桜の時季を迎えると、誰でも種々の憶いがよみがえる。

それは日本中の景色が一変するのと、人の一生の変り目とが妙に重なり合うことから来るのであろうか。

卒業、入学のシーズン、小衲《わたし》はここ数年、短大の学生を送って迎えるたびに、つくづく、人は変るものだと思う。

幼さの残る新入生が、二年後に卒業式を迎えるときには、必ず一変していて、自信に溢れる姿はまことに頼もしい。それ以上に、教育に携わる者の一人として嬉しく、冥利《みょうり》に尽きる。

しかし、変るということは一般であるが、実は特殊な時を経てそうなるのだ。みな成長変化はする。そうではあっても、秋霜烈日《しゅうそうれつじつ》の日を経ずに、簡単に成長するものではない。世間では、この頃それを勘違いしてはいないだろうか。

若者は、いや人間一般、誰でも素晴らしい素質を有し、またそれゆえ尊い人間性を持つのだということ、それは間違いではないが、学ばざれども育つということはなく、思わざれども解るということもないのである。

現代はその苦難の過程を抜きにして、安易に人権を尊びすぎてはいないだろうか。

かれこれ四半世紀前、小衲は美濃加茂がどこに在るのかも知らずに正眼寺に上山した。

四月とはいえ、山陰《やまかげ》には雪が残っていて、身が引き締まるばかり。何も分からず、その心細さは今の新到《しんとう》（新入門者）と変りはなかった。

だが境内の立派な枝垂れ桜が、色鮮やかに咲き出していて、日毎に美しくなっていく。その様子を見るたびに、何か励まされるようで、入門の行をどうにか耐えることができた。

そうして、一年一日のごとく、その年が過ぎた。

二月の中旬、解制《かいせい》という修行期間の区切りとなり、雲水はそれぞれ、少しの間、休みが貰える。もちろん自坊《じぼう》の荷擔《かたん》ということだ。

小衲は帰らぬつもりでもあり、帰れるとも思っていなかったが、願い書が届いた。

父の計らいか、師匠の恩情だったのか。三月初旬、久し振りに故郷に帰った。雲水として型通りの挨拶をし、自坊の玄関を上ると、父も母も迎えてくれたが、母は驚きで一瞬、怯んでしまったようだ。

息子のあまりの変貌にであろう。

精神的にどうのこうのではないが、肉体的な変化と、冬の寒気で荒れきった手脚や耳朶《じだ》を見て、うろたえて「もう僧堂には行かないでくれ。そんな身体になってまで」と言う。しかし自分では、なんとも感じてはいない。これが新到の姿として当り前なのだ。「ああ、しようがない母《ひと》だな」と思いつつも、ただ有り難いことと、自然に頭は下がっていた。

一週間後、僧堂に帰ったが、いまだ桜は蕾《つぼみ》も見せていなかった。しかし、不思議に暖かく迎えてくれているように覚えた。

するとその瞬間に、「ようやく一年が経った」と思っていた。まさに一年前の、あの美しい桜の花を憶い出しながら、この一年の歳月を初めて自覚したのだった。

一分八間

雉子《きじ》が居た。

蓮華が咲いて、緑も豊かになった田ん圃の一角に、雉子が徘徊していた。

郊外とはいえ、民家が田や畑を追いやって、ついに取り残されたような田の中に、鮮やかな姿を見せているのだ。

用心深い野生の鳥としては明らかにおかしい。そうして、いかにも悲しげであった。

もちろん飼育されていたものが、逃げ出したのだと、決めつけることはできる。

しかし、悄然《しょうぜん》と佇《たたず》む姿を観ていると、彼らはじわじわと生きる場所を奪われて、とうとう人家の周りでないと餌を求められなくなったのではないかと想ってしまったのだ。

これは自然が狂い出したというよりも、狂っている証拠であろう。人間社会ではさらに酷《ひど》いはずだが、大きな時代のうねりは止めようがないのだろうか。

さて、先日機会があって刑務所を訪れた。

ある教誨師《きょうかいし》の方からの依頼で、受刑者に講話をしたのである。

この刑務所は岐阜の山間部にある。その講堂で、看守に取り囲まれた、百名弱の受刑者たちが、小衲《わたし》の話を聴いてくれた。

大半が身じろぎも、頷くことさえせず、まことに行儀の良い人たちだった。もちろん、そのように指導されているからだろう。

しかし、真に驚かされたことがある。

それは、彼らが一様に良い顔をしていて、世間で言うところの、犯罪者の悪人面《づら》ではないのだ。しかも知性的にも教養的にも高いものを身に付けているように思えるのだ。

人生の大半を刑務所《ここ》で過す人や、また何度も何度もここに帰ってくる重罪の受刑者なのにだ。彼ら一人一人の顔はまことに正常で、意志の力も自制の力も充分あるように見える。

どうしてだろうか。

規則正しい刑務所の生活や自然環境によって、彼らの身心が自然に矯正されて、良い顔を作り出したのであろうか。

それならば、われわれの日常の問題と何ら変るところはない。日々の努力精進の積み重ねが、その人自身を作り上げていくものだから。

昔から言う。人は生まれついての善人も悪人もない。みな自ら作り出し、自ら成っていくものだ。

ではなぜ、彼らは塀の内にいて、我々は塀の外にいるという違いが生じたのだろう。

「一分八間《いちぶはちけん》」という言葉が禅門にある。

一分の差が後には八間もの差になることで、わずかの心得違いで人生を狂わせ、わずかの自然に対する心得違いが自然を破壊させ、八間《はちけん》ほどの大きな変化が生まれるということだ。

それは、これくらいは問題ないだろうという「一分」の安易さへの誘惑が、われわれの心に忍び込んだ時、どう対処するかで人生が決定されているのだということだ。

では、雉子や受刑者に救いはないのだろうか。

それこそ一分の差を今日こそ、自分で生みだす。その決意をすることしかあるまい。

言霊

雨の日、来客がしみじみと言った。

「本当に静かですね」

雨だれの音が規則正しく響き、雨に洗われた境内は緑が美しく、刈り込まれた躑躅《つつじ》の庭は花がびっしりと附いている。

典座《てんぞ》（台所）辺で薪《まき》を割る音や、本堂を掃除している音がかすかに聞こえてきた。

全くの静寂ではないが、ものの音が一つ一つ、くっきりと聞こえている。

これが世間では珍しくなってきたのであろう。この婦人《ひと》は、「本当に静かです」と繰り返した。そうして穏やかな表情をした婦人は話を次いだ。

孫を助手席に乗せて買物に出掛けた時だそうだ。

途中、岐阜のほぼ中央に位置するこのあたりは、近年開発の波が押し寄せ、山の一つや丘の二つ三つが、平地に変えられてしまうことが毎年続いている。

そんな削られて荒らされた山肌を、この孫の女の子が見て「お山が痛そうで、かわいそう」と言ったという。

婦人は「えっ」と思って孫の顔を見ると、「でも、これからたくさん木を植えたら喜ぶね」と言う。

この婦人はその時に、孫の何気ない言葉をこれからは記録しておこうと思った。忘れてしまって、もう自分では思い浮かべることさえ出来ないこんな新鮮な言葉を、孫が憶い出させ教えてくれるのだから。

山が可哀相と思える。山が自分で、自分が山になって痛さを覚える感性を、祖母であるこの婦人は貴いことだと思ったに違いない。

小衲《わたし》は婦人のゆっくりした物言いと、ゆったりした物腰と、この短い会話が、妙に頭の中にあざやかに残っていたものだから、ここに書きたくなったのだ。

心が清々しくなるようなことが少なくなった昨今、まことに「ほっ」とする話であった。

一般には、こうはならない。

長い時間、お互いに話題を変え、息つく間もなく喋り合って、まさに充実した時を過ごしたようにみえても、その実、互いに別れた瞬間から、話の内容は記憶から薄れていくものだ。

さて、小衲も人前で話をすることが多くなった。もともと無口で口下手であったので、どうも今でも苦手意識が強いのだが、馴れは恐いもので、徐々に口数が多くなって、講演にでもなれば延々滔々と喋っている自分に気付いて、苦笑する。

「無言まことに功あり」とか、「黙雷《もくらい》の如し」などと言いながら、禅者にあるまじき口舌《こうぜつ》の徒というわけである。

そこで心せねばならないことがある。

先の女の子のように、人の心に直接響く言葉は、小細工はもちろん雄弁からも生まれない。ただ、この子のように純な心から生まれるということだ。

そんな言葉を昔から「言霊《ことだま》」という。

臨界点

三十年ほど前に、東京や大阪で光化学スモッグというものが頻発した。梅雨季《どき》以降の暑く日差しの強い日、大気の汚染が限界値を越えると、眼や呼吸器系を異常に刺戟する化学物質が生じて、それこそ人々を襲った。

これは深刻な社会問題となったが、そのおかげで世論の公害に対する認識が高まり、排気ガス規制に始まって、種々の法的規制が各種企業に加わり、自然破壊に少し歯止めがかかったように思う。

しかしそんなことでは、人間のエゴが地球環境に与える打撃の緩和にならなかったことは、その後の経緯が証明している。

ところで、この息苦しいほどのスモッグでも、限界値、科学的には臨界点を超えなければ、極悪性の光化学スモッグに変化はしない。

臨界点までは、眼が痛んで涙が止まらなくなったり吐き気などは催さないが、それを超えた途端に人々は苦しみ出すのである。

つまり一瞬にして穏やかな世界が変って、いくぶん大袈裟だが修羅場《しゅらば》と化すのである。

さて、このようなことは人の営みの全てに言えるのではなかろうか。

堪忍袋《かんにんぶくろ》の緒《お》が切れたとか、一線を超えてしまったとか、後戻りができなくなったとか、それに類する言葉は多い。

人が成長成功するに際しても、堕落失墜するにしても、その時に至るまで実際はその変化に気付きにくく、またそれゆえに結果は劇的であるものだ。

さて、二十年近く前のことだが、僧堂の先輩に、ある大寺から後任の住職に欲しいと声が掛かった。これはその人の待ち望んでいたことでもあったが、老師も許可された。

しかし、それからがいけなかった。

僧堂の一雲水《うんすい》として、またその長としての役目に油断が生まれ、有頂天《うちょうてん》になってしまったようにみえた。日常の行事や、普段の言動に大変な増長慢《ぞうちょうまん》が出てきて、雲水らしくなくなってしまった。

もちろん少々のことは、僧堂の雲水は先輩を立ててカバーをするが、その限度を超えるようになったのだ。

小衲《わたし》は、このままでは済まぬのではないかという思いで、ただ見ているばかりであった。不思議なことに、その寺からの正式の拝請《はいしょう》（願い）が、彼を観察していたわけでもないのに一ヶ月、二ヶ月と先送りにされてきた。

すると、彼の方も猜疑心が湧いてきて、いったいいつ迎えに来るのか、と焦り出した。そうしてその焦りが限度を超えた時、彼は自分で自分を追い詰めたのか、一切を諦めて突然、下山してしまったのだ。

その三日後、件《くだん》の寺から麗々しく、彼の拝請に現住職・総代衆が揃って来山したのである。

嘆息したのは、小衲ばかりではなかった。

事情を知っている者みなが、踏み越えてはならぬ、修行僧の有り様を寒気のする思いで自覚したのであった。

シシュポスの神話

「シシュポスの神話」というものを高校生の時に知った。

ある作家の小説か戯曲のなかの一節であったが、妙に気になって、以来、記憶から消えたことがない。

おおむね、こんな内容だった。

シシュポスはギリシャ神話の神の一人であったが、大神デウスの怒りに触れた。

そこでデウスはシシュポスに罰を与えた。桎梏《しっこく》に拘束された彼の前には大きな岩が置かれた。これをオリンポスの山の頂に押し上げなければならないのだ。

シシュポスは肉体の限界を越えて、この岩を運び上げる。その労苦。しかし狭き頂上に着いた岩は非情にも、山を転がり落ちていく。

すると、シシュポスは山を下りて再びやり直すのである。二度三度、幾度となく運び上げても、岩は頂上に留まらない。つまりこの罰は、未来永劫に続くのだ。

だが神でも、これは可能なことだろうか。

さて、修行の世界にもスランプはある。

小衲《わたし》にとって、修行にいまだ目鼻がつかぬ時の苦労は、必死な毎日であったぶん、かえって記憶には薄い。しかし一応、物事が解りかけて、日常に余裕が生まれると、「間は魔に通ず」で、思わぬことで悩み苦しむものである。

参禅修行はや二年目で、洗礼を受けた。

ひとつの問題に躓《つまず》き、こうだと思っても自信がない。老師はもちろん許さぬ。こう切り込んでもだめ。それならこうだと手を変え品を変えても、頑として受け付けぬ。気の長い者でも、これが一月、三月、六ヶ月と続くと焦りを越えて、自棄にもなる。

挙句はこの苦しみを与えるのは老師だと、師さえ憎み出す。まさにそうなってしまった。師と弟子は仇敵《あだかたき》と昔から言う。だが畏敬の念が失せては終いである。

いよいよ限界だという時、肉体的にも不調となり、下山の誘惑が増すばかり。いっそ死んでしまったら、どれほど楽かとさえ思う。しかし諦めきれなかった。

すると、そんな時、誰かの声を聞いた。

「そうだ死ねば良い。いっそ死ぬまでだ。死ぬまでやって、だめならまた生まれ変ってやれば良い。シシュポスが山を下って、一から出直すように、何度でも何度でも生まれ変れば良い。

シシュポスは何度でも何度でも山を上り、山を下って、いつの間にか全てを受け入れて楽しんでいる自分を発見したのではないか。だから自分の無能、非才を嘆くな、何度でも生まれ変って修行をしてみよ」と。

不思議に、その日を境として修行に対する取り組み方が変った。つまり結果を求めず、ただ「今」を精一杯、生きれば良いのだと。

スランプは脱した。

ところで、読者諸氏よ、生まれ変りが現実に可能かどうかなどと、今はどうか問わないでいただきたい。

シシュポスと自分とが、少しでも重なれば、この世を生きていくのに充分ではないか。

覚悟の顔

好い顔の人が少なくなった。

整った良い顔の人はいても、好い顔の人は珍しいということだが、好い顔の人は輝いていて目立つはずなのに、なかなか出会わない。

修行の世界はその点、好い顔の時を、自分でも同輩でも実感できる。

接心《せっしん》という特別の修行期間に、雲水は必死の思いで煩悩、妄想と闘うわけだが、その間に余分なものが削ぎ落とされて、自然に好い顔になる。それは皆そうなるのだから不思議だ。

結局、必死の覚悟というものが必要なのだ。

覚悟という言葉も、この頃はあまり使われなくなったが、もともと仏教用語で、眼覚めること、つまり真理を体得し、さとりの智慧を得ることだが、一般には転じて、決心をすることの意味だ。

しかし覚悟というからには、一大決心でなければならないだろう。

あいまいさに逃げ込もうとするのが、日本社会の悪しき習慣と言われるが、逃げることの出来ないときにそうでは情ない。

先日、併設している短大の一回生が、正式に紹介者と両親共々、退学の挨拶に来た。

その理由は他大学を受験するということだった。入学して僅か三ヶ月で決意したらしい。

彼は髪を染め、耳にはピアスをしていた。前期の授業中はごく普通の生徒だっただけに少し異様に思ったが、精一杯の自己主張なのだろう。

それでも彼の緊張した様子と、頑《かたくな》な態度に少しの覚悟が感じられたのが救いであった。

両親も、紹介者も申し訳なさそうにしていて、とくに母親は「この子には、卒業まで正眼短大で学んでほしいと思いますし、何度もそう申したのですが、本人がどうしても四年制大学を受験したいと聞かないものですから」と、愚痴《ぐち》めいた物言いであった。

「いやお母さん、ウチの大学の役目は、学生一人一人が自立をして、自分の進路を決め巣立ちをしてもらうことですから、この人が僅かの期間で自分の未来を見据えることが出来たのは喜ぶべきことで、われわれの役目も果たせたと思います。ですから、ご両親はこの人の今後を心から応援してくださいよ」と応じた。

途端に彼の表情が変ったのが分った。そうして母親は深々と頭を下げていた。

それから彼は今まで手も付けなかった菓子やお茶を呑み出した。金髪とピアスの若者が作法を憶い出し、茶を飲む姿はおかしかった。

自分の決断に対して、本当に責任を取ると決意した若者がここにいた。

「しかし、受験は大変なことだから、気を入れて勉強しなければいかんよ」と彼に言うと、返事は力のこもった「ハイッ」だった。

その時、どうやら自分の役目は果たせたなと思った。彼の顔は清々として、覚悟した顔そのもので実に好かった。

人にとって真の決心というものは、直ちにある種のさとりに通じる。だから、覚悟と言うのだ。

狼の心

スイスの接心は、輝くような山あいの村で毎年、初秋に行なわれる。

その一週間があっという間に過ぎ去るのは、この清新な自然と、素朴な人たちと、参加者の暖かい心根に負うところが大きい。

毎日ドイツ語の通訳を介して講話をする。

特殊な禅語をどう表現するかなどで苦労はしても、毎回の参加者の真剣で優しげな眼が真直ぐに向けられると、彼らは本当は日本語が解っているのではないかと疑ってしまうほどだ。

確かに彼らは知性は高いが、それよりも長い間に培ってきたのであろうその品性の良さには、感心すると共に感謝をしている。

ところで最近、尊敬するある和尚の書かれた本に、こんな話があった。

和尚が電車に乗っていたら、途中の駅から高校生らしい若いカップルが乗り込んできた。流行の格好をして、辺りもはばからぬ二人の言動は、乗客に不快感を与えたようだが、そんなことには馴れているのか、誰も見て見ぬ振りをしている。

すると二人はしゃがみこんで、紙袋からパンやジュースを取り出して飲み食いをしだした。喋っては食べ、飲んでは喋りと、互いに傍若無人の呈であった。

食べ終われば、空き缶や空き袋を車内に散らかして、さらに会話に夢中になっていた。いくつめかの駅で電車が停車すると、この二人が立ってそのまま下車しようとしたので、今まで我慢をしていた和尚が堪らず、「ゴミぐらい持っていけ!」と一喝した。

すると二人は一瞬、驚いた風でこの和尚を見たが、空いたドアーからさっと跳び下りると、「バーカー」と叫んで、笑って去っていったというのだ。

さすがに、この硬骨で鳴る和尚も二の句が継げず、ゴミを片付けながら、情けなさと暗澹たる気持ちを抑えることができなかったと書いている。

簡単にこの二話を比較することは出来ぬ。

しかしスイスからの帰路、ローマに寄り、知人からある話を聞いて、以上を妙に納得した。それは狼のことで、おおむねこうだ。

羊飼いの敵は今も昔も、狼である。

国際的に保護動物に指定されるほど希少になっても、狼が最大の敵であるのに変りはない。ところが、その狼の最大の敵は、昔は人間と銃であった。今はどうであろうか。

直接的には人間は銃で彼らを撃つことは止めた。だから人間はもう敵ではないと狼は知ってしまった。すると傍若無人になる。

つまり狼たちは飢えてもいないのに、羊の群れを襲い何十匹も殺して遊ぶようになった。どうやら殺戮を楽しんでいるらしいのだ。

保護することで、結果的に狼たちを甘やかし、彼らが大人しくなるどころか、かえって邪悪な性質を助長させてしまったということだ。

先きの若者たちとこの狼、似てはいないだろうか。そうして甘えや甘やかしの結果がこうなったとするのは短絡であろうか。

だが、そうであっても、スイスの人たちの姿と狼の話を通して、小衲《わたし》は日本の若者の心の中を少し覗けた気がしたのだ。

スイス・エーデルワイス

沙の墓標

ゴビ砂漠の上空を西北航空のジェットが飛ぶ。西安空港から三時間弱。ただただ、砂礫《されき》の茫漠たる世界である。

見渡す限りの砂漠は、実際見渡す限りという言葉の意味を明確に教えてくれた。つまり、三時間もの間、飛行機の外は、右も左も前も後も延々と同じ景色なのである。

その延々の先に敦煌の街がある。

小衲《わたし》は毎年中国には何かの用事で訪れる。

しかしゴビタン（ゴビ砂漠）も敦煌も初めてで、そのため彼《か》の地で見聞きしたことごとくが、帰国して三週間経た今でも、鮮やかによみがえってくる。

西安より天山山脈を越え、ゴビの沙《すな》を遥かに渡って、この幻の仏教美術の宝庫、敦煌に降りる。

いにしえ、三蔵法師はこの眼下を十数年を要して踏破し西域に到り、またそこから帰られたのだ。そのあまりの壮図に肌に粟を吹くほど感動したのは、自分だけであっただろうか。

その敦煌の街から有名な莫高窟《ばっこうくつ》へ行く途中、鳴沙山《めいぎざん》を望んで地の涯まで続く平原に、いくつものいくつもの、盛り沙がある。

よく見ると、遥か地平の彼方まで、数千数万と在るのだ。刺《とげ》のある枯れ木のような駱駝《らくだ》草が所々に風に振れているほかは、緑の色一つない。

これはいったい何であろうか。

実は果てしない墓地なのだ。過去数百年、いやそれ以上昔からの墓地だ。そうしてその全てと言ってもよいが、墓石も何も目印さえない。

しかしそれをじっと見詰めていると、妙に心静かになり、「好いなあ」と思えてくる。

それこそ不毛の地の、自然現象で生まれたかのような墓地を「好いなあ」と思うのだ。同行の人たちも同じだった。

ずいぶん昔になるが、小衲は修行中あることがあって、俗に言うところの肚《はら》が据《すわ》った。

その詳細を綴る余裕はないが、つまり「生きる」ではなく、「生かされている」と確信ができたのだ。それなら「死にはしない」と安心してしまったわけだ。

修行中の艱難辛苦《かんなんしんく》、そんなことでは自分は「死にはしない」。それはなぜか。

結局、出家は我が身を差し出し、仏に捧げた人なのだ。するともう自分の身体であって自分の身体ではない。だから「生かされている」限りは「生きているものだ」と肚が据ったということだ。

敦煌で、どこまで続きどれだけの数があるのか分らぬ墓地を見ていて、小衲はまことに肚の据った民の肚の据った死生観を見せられたように思う。

大地から生まれて大地に還る。

そこに人生に対する未練も悔悟もない。ただ大地に抱かれる最期が待っている。

それを皆一様に「好いなあ」と思ったのだ。

さらに、その肚の据わる場所さえ与えられない今の日本は、やはりおかしいということも。

百年の輝き

年を越えて辰《たつ》（龍）の干支《えと》に、それこそ蛇足は不要であろうが、前回の敦煌の印象に少々補足をさせていただく。

茫漠とした沙《すな》の世界に累々と重なり合うように続く墓を憶い出すと、今でも「好いなあ」という感慨が湧くのは、この世が浅薄で目まぐるしいせいであろうか。

人は大地から生まれて大地に還る。そのことをはっきりと自覚した生き方、人生があり、それがあの墓地群に顕われていると思うのだ。

墓石も塔婆もない盛られた沙だけの墓。

そこに、この世に未練も執着もないと宣言しているような清々しさを覚える。

さて煩雑で、それでいながら沈滞している日本社会では、こんなゆっくりとした生き方はもう困難になってきた。

そうして昔のように、時間をかけて物事を成していくことも敬遠されがちである。一般に辛いことや苦しいことを、耐えてまでしたいと思う人は少ない。しかし望むと望まざるとにかかわらず、なんらかの困苦は身を襲うもので、そんな時、われわれはどう対処すべきだろうか。

ところで昨年の初夏から秋にかけて道場の根幹である禅堂の改修工事をしてもらった。屋根の葺《ふ》き替え、壁の塗り直し、畳替えなど。結果、禅堂全体に一層の締りが出て、坐りやすくなったことは真に有り難い。

禅堂の床には敷瓦《しきがわら》が張られているが、この瓦も新しくなった。いぶし銀の床が、以前より少し広く感じられるのは、この瓦が新しくなったからだろう。

工事中に棟梁《とうりょう》が、古い敷瓦をまとめて保管してあるので、どうしたものかと相談に来た。

処分することも他に流用することも毛頭思わなかった。思案の結果、縁ある人たちへの記念品に使わせていただくことにした。

しげしげと瓦を見ていると、自分の雲水時代のあれこれが想い出されてくる。

すると突然あることに気付いた。

正眼寺の現在の禅堂は、建てられてから百有余年が経っているわけで、必然的にこの瓦は百年以上昔のものである。

禅堂の床に敷き詰められてから百年。

そうして毎日毎日、雲水が掃除をする。この床も朝晩二回、雑巾掛《ぞうきんが》けをしてきた。

すると、かつてはくすんだ色だった瓦が、今は黒光りして鏡のように輝いているのだ。

これが、新しくなった敷瓦と同じ瓦だとはどうしても思えない。いつも見慣れていたため か、敷瓦は黒光りしているものだと思い込んでいたのだ。

それが今回、比較が出来て、初めて分かった。

これが正に「百年の輝き」というべきものだということが。

悠久の時からみれば、たかが百年。

しかし本当に大事なことは、人の一生分以上の時間をかけぬと成らぬものだと、この輝きが教えてくれていたのである。

清い縁

「心の時代」この言葉が巷間《こうかん》に流行している。

メディアも識者も、果ては政治に関わる人たちも口にする。ことさらに使っていると言ってもよいだろう。

しかし、その「心の時代」に具体的にはどう対処し、生きていくのか。これは時代を超えて真に難しい問題である。

さて先般、初めて来山された方が次のような話をしてくれた。

この人は貿易関係の商売をしていて、仕事の関係上、神経を磨り減らす毎日だそうだが、幸い会社は繁盛している。

でもそんな日々、時に心安らぐ日がある。

それは、いまだ商売が順調でない頃、ある友人から「商売を軌道に乗せようと思うなら、まずは墓参りなど先祖を大切にすることですよ」と助言されたことによる。

つまり、それから始まった墓参りである。

しかし正直なところ、商売の損得勘定から始めたわけで、これもそう楽ではない。電車を乗り継いで数時間、さらにタクシーと徒歩で小一時間。故郷の菩提寺《ぼだいじ》に着く。荒れ放題の墓地へ参るには、まず掃除から。草刈り、草取り、墓石磨き。夫婦で数時間かけても、隣の墓に見劣りする。

今日はここまでと線香を献げて、帰り仕度をする。二人共へとへとに疲れたが、なんとも言えぬ清々しさを覚えた。

それから月に一度と決めて通い続けた。

いつも掃除の間は、二人とも黙々とやるが、その時間がいつか、大切な時間となった。二人は草取りをしながら、鬼籍に入っている父や母、祖父や祖母を憶い出し、心の中で昔のように会話していたのである。

そうなると、商売のためというよりも、自分たちの楽しみのために墓参を続けていた。

「時々お会いしますが、精が出ますね」と声を掛ける人もいるが、顔見知りになっただけで名前も知らぬ。しかしその付き合いがよい。

そんな縁が一つ二つと増えるのが楽しい。欲得など、どこかに行ってしまったのだ。

最初はそうでもなかったが、その頃から不思議に商売が上向いてきた。

墓参の帰りなどに、旧い友人に会って「やあ久し振りだが、そんな仕事をしていたのか、それなら知人を紹介するよ」と言われて、商談が成立したこともある。

おおむねこんな内容だった。

そうして後から、「これはいったいどういう意味なのでしょうか」と、この方から質問された。

小衲《わたし》は「そういう縁を清い縁と言うのですよ」とだけ答えて、別に説明をしなかった。

それでもお二人は大きく頷いていた。たぶん納得されたのだろう。

原因と結果が、きちっと結びつくのが科学の仕組み。心の世界も実はそうである。

そこを素直にうなづくのが「心の時代」に生きる生き方であろう。

こんな縁は、また無限に発展していくようだ。

異国の修行

二月三日。僧堂でも節分である。

旧役の典座《てんぞ》（食事の係）が赤鬼青鬼に扮して、境内を天の邪鬼よろしく走り回る。先導の者や豆撒き役が四人一組で、ぐっと冷え込んだ本堂、庫裡《くり》などを奇声を上げながら回るのである。

坐禅をして待機する禅堂に躍り込むと、さすがに雲水は身動きしないが、皆おかしくて、それこそ涙をこらえている。「クスッ」とでも笑えば、直日《じきじつ》の叱責が飛ぶのがまた面白い。演ずる者も観る者も、この瞬間は一様に春の到来を感じているのだ。

この時季に叢林《そうりん》は安居《あんご》が終り、冬から夏に向けての体制が組まれる。これを解制《かいせい》と呼ぶが、雲水は僧堂を去るか留まるかで、また心悩ますのである。

この間、一人の外国人尼僧が、参禅の後でこんなことを言う。「わたしはばかで、何の能力もない。参禅しても何も分らない。ビザも、もうじき切れます。だから自分の国に帰ってもよいですか」と半分投げ遣りだった。台湾からわざわざ来て、何年も立つのに修行も進まず、言葉の修得もままならず、焦っているのであろう。

小衲《わたし》は尼僧の消沈を鼓舞するために、「それならさっさと帰れ。ついでに坊さんもやめてしまえ」と罵倒し、「そんな僅かの年数で、何かを分ろう、理解しようとする自分を捨てない限り、本当の修行ではない」と言葉を続けたが、少々親切が過ぎた。

彼女はまことに孤独である。異国の生活と修行との両面で、寄る辺がなく寂しさで一杯であろう。そうして時として、自分の存在価値さえないような不安に襲われるのだろう。

そこでやさしい単語を選びながら、以下の譬えを引いた。

正眼寺の建物を観ると、真直ぐな柱も曲がれる梁《はり》も、節だらけの基礎も、柾目《まさめ》の綺麗な天井板も、木それぞれの特徴が生かされて使われている。役立つべき所に役立てられ、一つの無駄もない建築物なのだ。

もし、床板の一枚でも、柱を留める楔《くさび》一つでも、はずれたりすれば、いかに壮麗で堅牢な建築物でも、そこから崩壊する。

人も社会もその通りで、各々が力を尽していないとバランスが崩れ、この世の調和もまた壊れるのだ。だからこそ、自分の役目に自信と責任を持ってほしいと説いた。

幸いに翌日、この尼僧はビザのさらなる延長の準備を始めたという。

孤独にもう一年向き合う決意をしたのだ。

この孤独を、世間は忌避する。

しかし本物は、孤独の中から生まれる。

孤独に真の静謐《せいひつ》があることを、この尼僧にいつ知ってもらえるだろうか。

その時こそ、彼女の春到来といえる。

III

愛語

言葉が乱れてきたと言われて久しい。

しかし、このたびの米国での接心で、日本生まれのアメリカ女子高生が、提唱《ていしょう》の後で、「今日は本当にありがとうございました。初めて日本語で禅の話を聞かせていただき、心から感謝しています」と、流暢というよりもまことに美しい日本語で話しかけられたのには、心底驚いた。彼女はアメリカ人である。

こんな心憎い言葉は愛語《あいご》と言うべきだろう。

さて話は変るが、今から二十数年前、小衲《わたし》は正眼専門道場に入門した。父と母とに見送られての初行脚《はつあんぎゃ》である。

途中の新幹線の中で、雲水姿をジロジロ見られるのにも馴れて、窓の外の富士山をぼんやり眺めていたら、初めて堪えていたものが堰を切って流れてきた。悲しいのでもないのに、ただ理由《わけ》もなく涙が流れてくるのだ。

そうして十日ほど経ち、僧堂名宗休《そうきゅう》の名をいただき、老師の面前に威儀を整えて相見《しょうけん》が許された。

老師の面《おもて》を仰ぐことはできないが、威厳が重厚な姿から窺える。

「お前さんは今日から休《きゅう》さんと呼ばれるが、せっかく道心《どうしん》を持って修行に来た身だ。単なる休さんではなく、正眼寺の休さん、正眼寺の雲水と言えば休さんと呼ばれるくらい修行をしてもらわねば困る」と、ゆっくりとして慈愛ある声で語りかけてくれた。

畳に低頭しているその上から響く言葉に、正直感動するばかりだった。

老師が顔も素性も知れぬ新米雲水に、正眼寺を背負う雲水になれと声をかけているのだ。以来、曲折はあったものの、修行を全うできたのは先師のこの言葉による。

そうしていまだ壮健溌剌とされていた頃、先師にこの時のことを話したら、嬉しそうに「そうだったかな」と微笑まれたのが懐かしい。

まことに言葉は有り難い。だがそんな言葉は愛語でなければならぬ。

「愛語よく回天《えてん》の力あり」と言われるが、その愛語は、人の今現在を尊み慈しむ。そのゆえに、遠き未来に素晴しき人となる人を尊責する。

真《まこと》に常不軽《じょうふぎょう》菩薩のごとく、あらゆる人を軽蔑せず、「あなたは尊い仏にいつか成られる方です」と礼拝された心を知らねばならぬ。

ところで、先の話には後日談がある。

同じ年に入門した者は全員で七名。長い間、先に下山した彼らと会う機会はなかったが、十年近くを経てようやく全員が揃って昔話に花を咲かせた。

「休さん、いったい何時まで修行する心算《つもり》だ」と、皆から戯《ざ》れ言《ごと》ついでに問われた。もちろん冷やかしではなく、応援の気持で質問したのだ。

小衲は正直にその経緯《いきさつ》を話し、また、その後の法縁などを真面目に言うと、皆一様に「なんだ、休さんも老師からそう言われたのか」と笑い出したのだ。

小衲は唖然として言葉を失ったが、直ぐに、それでこそ本当に有り難いことだったのだと思った。つまり真の愛語であったのだと。

人を育てる

だいたい毎日、筆を持つ。

その硯箱《すずりばこ》の中に小さな墨《すみ》が一つある。欠片《かけら》のようになってしまって、今では擦《す》ることはできない。

これは二十年ほど前に、ある方から頂いたものだ。

その頃、小衲《わたし》は海のものとも山のものとも分らぬ駆け出しの雲水であった。

その方は、一本数万円もする素晴しい墨を、「私はもう歳で、これらの墨を使い切ることはできません。貴方《あなた》のような若いお坊様に使ってもらえれば、墨も本望ですよ」と言って、何本も手渡そうとした。

もちろん小衲にはそんな立派な墨を使う資格も術もない。再三、辞退したが「どうぞ黙って受け取ってください」と、正眼寺の大信者である老婦人は重ねて言うのだった。

それから十数年間、小衲はその墨を使うことができなかった。

この頃、初めてその一本を使ったのだ。そうして小片になって、指に挟めなくなっても

それを硯箱から出せないでいる。

さて数日前、知り合いの証券界の重鎮氏にこんな話をうかがって、大変嬉しくなった。

氏は小学生の頃、学業は抜群だったが、身体が弱く、体育の授業は苦手だった。鉄棒の逆上りができず、子供心に情なかったそうだ。

それを聞き知った氏の父親、今の会社の創立者は庭に鉄棒を作ってくれた。自分で練習せよということだった。

そこで秋頃までは毎日のように鉄棒を握ったが、それでも大して上達はしなかった。だんだん寒くなれば辛くなるばかり。それでなくとも苦手中の苦手の鉄棒である。とても冷たくて、氷のような鉄棒を握る気などしない。

朝、母親が起こしに来ても、「今日は寒いから無理だよ」と拒むことが多くなった。

そんなある朝、母親と押し問答を始めたら、母は「お父さんが、あなたをさっきから待っているんですよ」と言う。

「えっ」と初めてのことで、不思議になって外に出てみると、父は鉄棒に紐《ひも》を掛けて、その下に炭を熾《おこ》した七輪《しちりん》をぶら下げて、それを横に移動させながら鉄棒を温めていたのだ。そんなところを見つけられて、父はきまり悪そうに「もう温まっているから、触っても冷たくないからな」と言った。

昔の普通の父親ならば、愚図る子供など頭ごなしに怒鳴りつけて、外に連れ出し無理やりにでも鉄棒をさせただろう。氏はそうではなかった父親の気持を、とうにその年齢を越えた今、懐かしそうに大切そうに話してくれたのだ。

その時、氏は父のようになろう。父の跡を継ぐ人になろうと決意したそうだ。墨を小衲に預けて逝った老婦人の心も、この父親に似ている。だからこそ、そんな深い温かい希いになんとかして応えようという決意を、小衲の心に起こさせたのだ。

まことにこんな人が世間にはいて、われわれは心豊かに育てられてきた。

依草附木の生霊

昨今、新聞を賑わす事件は、もちろん良きことは少なく、怖ろしくも痛ましくも異常なことばかりである。

十七歳の高校生が「ただ人を殺す経験をしてみたかった」と言って、無辜《むこ》の主婦を滅多刺しにして殺した。

それに続くように、別の十七歳の少年がバスジャックをして、乗客を恐怖と不安の只中《ただなか》におとしいれ、結局、彼も平然と犠牲者を作った。

またある宗教団体が、ここ数年間に詐欺まがいのことを「教え」の名のもとに行ない、数万人の人達が騙《だま》され財産を失った。これなどは、魂まで奪われたと言うべきだろう。

こんな大事件ではないが、同じレベルの問題が、ここ伊深の里にも発生する。

先日、乗用車で移動中に後続の車が無理な追い越しをかけてきた。「危ないな」と思って彼《か》の車を観ているると、前から対向車が迫っている。一瞬、眼を瞑りたいほどの間一髪。幸いスルリと対向車とこちらの間を、その車は通り抜けた。

ほっとして、対向してきた車を横に見ると、なんとこれらの車も数珠《じゅず》つなぎで、さらに、車列の真ん中のトラックが先行車の一メートルほどの後ろから覆いかぶさるように走っている。

「オー、クレージー」と同乗していた米国人の雲水が叫んだが、小衲《わたし》も同じ気持だった。伊深の狭いのんびりした田舎道。そんなに急いで、いったいどうしようというのだ。追い越した車も、対向する車も気違いざたではないか。まことにこれが日本の現状なのかと、大袈裟に考え込まざるを得なかった。

またその日から、紀州興国寺に行事で十日ほど滞在した。兼務寺なので責任も大きいが、少しく余裕もあって、ゆったりと過していた。

そんな時、葬儀ができた。

四十九歳、一家の大黒柱。自殺であった。普段はもの静かな働き者。しかし勤めていた会社が倒産。それゆえ酒に荒れる日もあったが、深い理由は知るよしもない。両親も含め妻子を残しての覚悟はよほどのことであろうが。

これも先のそれぞれのことと比して、何か社会に測り難い矛盾、非条理の暗闇が蔓延《まんえん》しているせいとするのは考え過ぎだろうか。

聖書に、「心の家を留守にすると、その隙に悪魔が住みつく」というような譬喩がある。禅の方ではそれを「依草附木《えそうふぼく》の生霊《せいれい》」と言って、主体性のない生き方の譬えとする。

これら一連の事件は、まさに依草附木的生き方をする人たちによって起きたと言うべきではなかろうか。

物や金や名声など、これらに寄生して、その養分を吸収しなければ生存できないもの。それはある面では世の大半の人間がそうであると思われるが、それでは依って立つものが失われたら、彼はどうなるのか。

寄る辺がなくなれば、生きられぬ。それこそ暗闇である。ではどうしたら良いのか。

答えを言葉にすることは簡単だ。大地に自分で根を張ること。これである。

如法

もうかれこれ四十年も前。

小学校を卒業したのは、そんな昔のことになった。

それなのについこの間のように鮮明な記憶が残っているのも、またこの頃のことである。

五年、六年と、K先生が担任であった。

大学を出たての溌剌とした先生で、着任早々に担任になった。

声も大きく、行動も大胆であった。

スポーツが得意で、音楽は苦手、それは子供心にも良く分かった先生の弱点であった。

宿直の夜、近所の生徒が遊びに行けば、昼間捕まえた雀の焼き鳥を食べさせてくれた先生でもあった。

男生徒も女生徒も皆が好感を持ち、全幅の信頼と一種尊敬の気持を抱いていた。

その先生が、卒業の時の寄せ書きに書いてくれた言葉が「らしく、ぶるな」であった。

これからみんなは中学生になる。そこで中学生らしくあれ、しかし中学生ぶってはならない。と添え書きのあったことを、今でもはっきりと憶い出せる。

以来、幾多の変遷を経て、小衲《わたし》は出家の道を選び、禅僧として生きている。

あの頃の友も、また種々の辛酸《しんさん》を舐《な》め、禍福《かふく》の世を生きてきただろうが、先生のこの言葉を覚えているだろうか。

小衲は忘れることができなかったばかりか、人生の節目節目でこの言葉の重みを肌で知ったのだ。

しかし「らしく」という言葉は、この頃は評判が悪いようである。

多分「らしくあれ」の強制的な要素が、人の心を萎縮させ、画一的な精神に導いていくという発想であろう。戦前の教育が全くそうであったように。

ところで、先日ある雲水が自分の心の葛藤を訴えた。「自分の無能力さに、ほとほと嫌になります。頭が悪いせいか、修行のことなど何も分かりません」と言うのだ。

そこで「世の中の頭の良い連中は、悪いことばかりする」と答えてやった。

あれこれと説明するばかりが得策ではない。

するると、この雲水はしばらく呆然としていたが、その意味を悟ったらしく、頷いてから低頭して退室していった。

彼は感動したわけではない。それは妙に納得したという顔付きであった。つまり「なあんだ、おれはおれか、自分は自分であればよいのか、そうすることで修行になっていたのか」ということだろう。

こんなことを「らしくあれ」と表現する。他からの強制ではない、自分に眼覚めて、自主的に己を律していく。この自制が「らしく」の意味である。

それでも齢を加えるにしたがって、人は大半が「ぶる」人生を送る。なかなか、らしくとはならぬ。これが年々その言葉の重みを知る理由だ。

「らしく」とは、仏教では「如法《にょほう》」と言う。如法とは、天地の理に逆らわないこと。

つまり、法理に適《かな》うということだ。

器を自覚せよ

N社長は工作機械メーカーの経営者。

この会社は親会社ではないが、ある大手の会社と資本提携をしている。

またそこからの依頼で、機械を開発製作することも多いという。

さて、なべて叡知の結晶は、実は汗みどろの努力工夫の果てにできるものだ。

それゆえ創造の喜びは、皆この測りしれぬ汗から生まれる。

だからこそ社長の自負もここにある。実際、仕事の話をする時の社長の眼は、生き生きとして本当に輝いていた。

ところが、こんな苦労の結晶をこの大手の会社の技術部門担当者たちは、平然とコピー盗用するという。

何ヶ月、何年もかけて、それこそ失敗の山を築いてようやく完成した製品を、直ちに盗用してしまうのだそうだ。

提携とは名ばかり、資本参加をしていることで、製品である機械の設計図の開示を要求され、さらに製作上のノウハウまでスパイされ、あっと言う間に製品をコピーされてしまった。

挙げ句の果てに、特許申請や販売まで先行されたというのだ。

これは道義なき、掠奪そのものではないか。しかも、この情けなさ悔しさ。

もちろん摘発することも訴えることも可能だが、そのことで資金の融資や、取り引きの面でずいぶんと締め付けがでてくると言う。

全く強者の論理のみ通って、弱者は泣き寝入りを強いられる。

そんなおぞましい現実を、N社長は切々と訴えるのだ。そうして「こんなとき、どう考えて、どう対処したら良いのでしょう」と聞かれるのである。

その切羽《せっぱ》詰まったこの人の眼に、さもありなんなどと暢気に答えることなどできぬ。

対策も練り、抵抗もし、専門家に諮り研究もしたが、現行の法律ではどうしようもないという。だがこの現実は自分の会社の存続をおびやかし、社員の生活をもおびやかしているのだ。

こんな時、正眼寺先々代、逸外《いつがい》老師は開口一番「おめでとう」と言い、必ず「困った時はしめたと思え」と言われたものである。

人は誰でも、多かれ少なかれ苦難の中で生きている。

「人の一生は重き荷を背負うて、遠き坂道を行くが如し」と言ったのは家康公であるが、「しめた」とは、自分はそんな大きな荷を負うだけの器であると、自覚せよということ。つまり自信を持てということだ。

小衲《わたし》は先賢の顰《ひそみ》にならうわけではないが、この唖然とした現実に驚きながらも、「まずは社長、貴方《あなた》が挫けぬこと。騙されぬこと。事実は事実として受け取めて、これからの人事を尽すこと。そうすれば、人智の限りを尽したこれからの成果は、設計図にも画けず写真にも写らぬものですよ」と、檄《げき》を飛ばした。

結局、こんな非情な現実に負けるのは、自分で造り出す怖れや悔いや嘆きによるのだ。

N社長は、果たして居住まいを正してくれた。

直心これ道場

出家者もまた人の子である。

厳格、威風堂々たる大和尚も時に大失態をする。

もっともそんなときは、いかにも滑稽であることも確かであるが。

敬愛する和尚とたまたま会った。いつもと少し違う顔付きである。しばらく話がぎくしゃくしたのは、そのせいかもしれない。

ついに「顔の傷はどうされたのですか」と質した。

すると、「いや、お恥かしい。実は駅のホームで転んだのですよ」と答えられ、次いで「特急に乗るために急いで走っていたところ、足がもつれてスッテンコロリでしたわ」と、だんだん熱を帯びてくるのもおかしい。

「頭陀袋《ずだぶくろ》も放り出し、内のものがこぼれて、財布の中身までばらまかれてしまい、そのうえ顔面を床にしこたま打ちつけたので、痛いのやらバツが悪いのやらで、顔から火が吹きそうでしたよ」。

「それでも脚や手は無事でしたので、散らばった小物や、小銭を拾い集めておりましたら、近くの人が手伝ってくれまして、本当に有り難く気が楽になりました。でも、見るとなんとこの人たち、みな若い女の子でしたわ」と言う。

彼女たちは「お坊さん、怪我はなかった」と優しい言葉をかけてくれて、それこそ大感激したと言葉を続けられた。

「ところがこの女の子たちに、お礼を言う段になってようやく気付いたのですが、この娘《こ》たちはみな今流行のどぎつい化粧と衣装で、俗にいうギャルという娘さんたちでしたのですわ」、そうして「その外観はともかく、この頃の若い子たちも捨てたものではないなと思ったのですよ」と嬉しそうに語られた。

なかなか微笑ましい良い話であった。

それでなるほど、この和尚、顔の傷を隠そうとしなかったのである。

さて、昔ある僧堂で、雲水たちがあまりに厳しい先輩に忍耐の限度を越えてしまい、逆に猛反発をして今のストライキのようなことをした。さらに老師に、この雲水を僧堂から出すか、自分たち全員が出るかとまで極言したのである。

その時、僧堂の老師は「お前さんたちは、さすがに素晴しい修行ぶりで、他の僧堂でも充分やっていけるだろう。しかしあの男はここ以外、どこにも行くところがない。だからお前さんたちは下山してもらって結構じゃ。儂《わし》はあの男を見捨てることはできんのじゃよ」と、粛然と言われたという。

ストライキをした雲水たちが、全員道場に戻って、何事もなかったように修行が始められたことは言うまでもない。

この頃、こんな厳しさも、また優しさも、めったにお目にかかれない。

だが駅のホームで困っている人に、とっさに手を差し伸べた娘さんたちの素直な心が、この老師の深い心に見劣ることはない。

素直な心のはたらきこそ、人に感動や喜びを与える。それがいまだ世間に残っていることが、この和尚も小衲《わたし》も有り難かったのである。

これをとくに「直心《じきしん》」という。

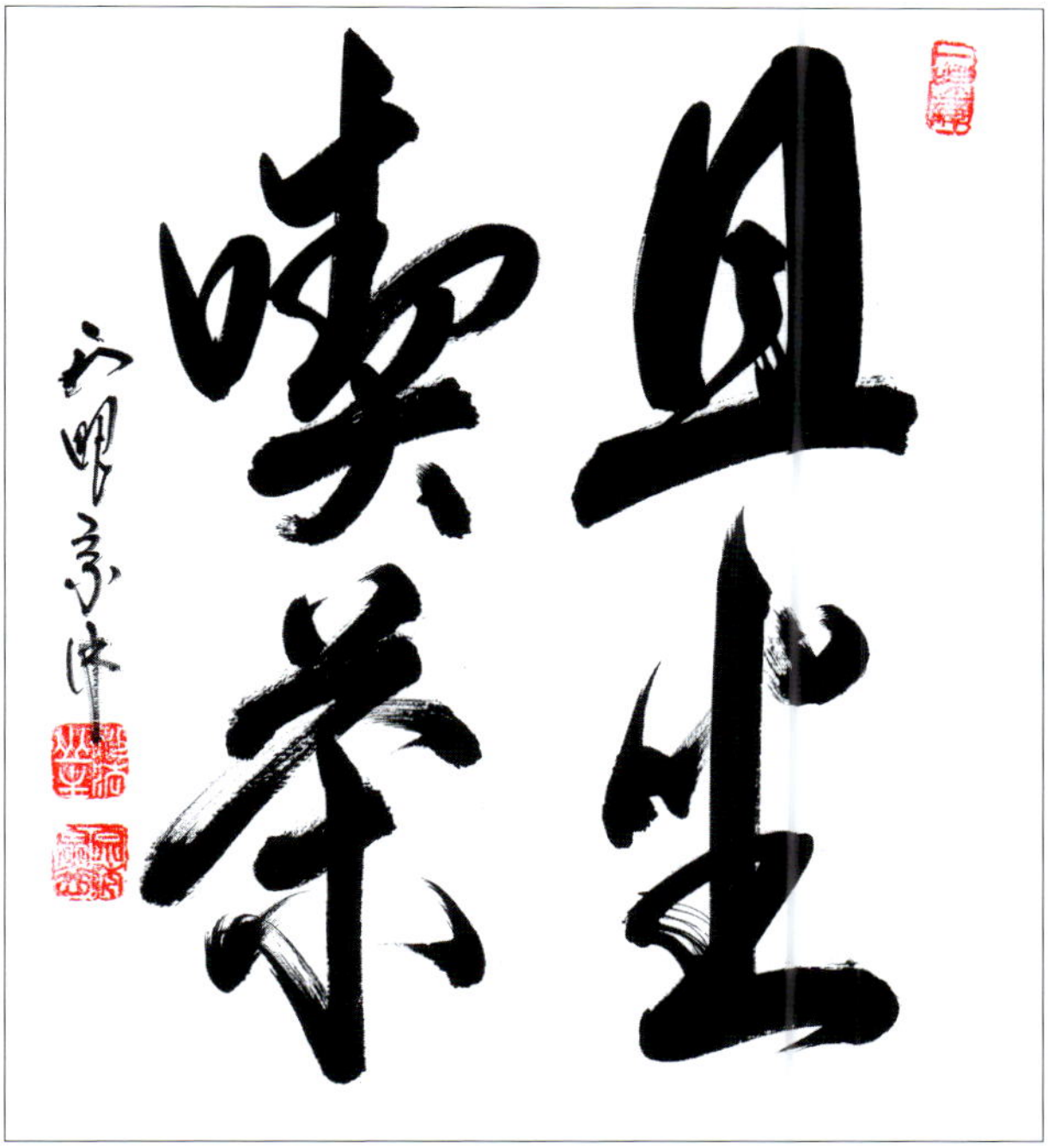

且坐喫茶

この一歩こそ

夏の終り、信州御嶽山《おんたけさん》に登る。

登山らしい登山は本当に久し振りで、三千メートル級の山は学生時代以来であろうか。しかも宿の主人に、ここ数日は今年最高の天候状態だという言葉に促されての、老若男女十名の俄か登山である。

さて、午前七時に七合目から出発したわれわれに、ジリジリと残暑の陽射しが照りつけ、皆じきに喘ぎあえぎ登ることとなった。

一人遅れ、二人立ちすくみ、三人へたり込む、そんな山行だが、給水を頻繁にしてどうにか皆ひたすら頂上を目指した。

かくして数時間。だがこの名峰は十合目の頂《いただ》きの向うに本当の頂上がある。それゆえ、ようやく辿り着いたと安堵すると、また一重の山を見て愕然とする仕組になっている。もう充分と思ったが、最高齢で気力の限りをついやして登ってきたであろう一人の婦人の顔を見て、小衲《わたし》は全員の登頂を決意した。

軽い食事の後、小一時間で登り切る。

この婦人も、最後尾を亀の歩みのように登ってきたが、遅れること僅か二十分で頂上に立った。

その瞬間を、小衲はスローモーションの映画のように今でも憶い出せる。

このひとは最後の一歩を踏みしめたところが頂上だとは、しばらく気付かなかった。それは足元が平地になったことが不思議だという表情だった。すると数秒して、みるみる顔の極度の緊張が解けて涙が溢れてきた。

途端に手で顔を覆ってしまったが、小衲には涙の一粒一粒が見えた気がした。

良かった。何度下山の誘惑にかられ、その正当性を自問したことか。それでもこんな好機は二度とない。自分にも仲間にもである。

だから登った。そうしてこの方《かた》も登ることができた。

後は下山。こちらの方が危険で難しい。しかしそれはもう書かない。誰もが無事に宿に帰れたことが実に嬉しかった。

それから三日も経たないうちに、寺に一通の手紙が届いた。先の婦人からであった。簡潔な文章で、この間のお礼と感動が綴られていた。

そこに「あまりの辛さに、自分の体力では登って下りることができないのでは、と強い不安に襲われていました。しかしあるところで、もう限界だと覚《おも》った時、突然私には上ることも下ることも許されないのなら、この一歩だけで良いから足を前に出そうと心に決めました。

それからは、この一歩、この一歩と。すると想いもしなかった頂上に、いつしか立っていたのです」とあった。

嗚呼《ああ》、それであのような美しい涙に出遭うことができたのだなと合点がいった。

千里の道も一歩からと言うが、これは逆に、この一歩こそ千里を生むということだ。

まさに、そんな無心の一歩の積み重ねが、偉大な結果も、深く清らかな感動も、もたらしてくれるのである。

好日

八月上旬、夜分に一人の男性が訪ねてきた。

道場では夕刻以降の来客はよほどのことがない限り受け付けないが、緊急な用事でぜひともということだった。

門前に住む人で、名前は知っていたが会うのは初めて。「家内のことです。彼女はあと僅かの生命しかないと医者に言われています。もう諦めてはいますが、この頃しきりに老師さんの書かれたものが欲しいと言います。礼儀も知らず、ご無礼とは思ったのですが、なんとしても願いを叶えてやりたいと、こうしてお邪魔しました」と訥々《とつとつ》と言う。

奥さんとは少し面識があった。

「分りました。小衲《わたし》の書でお役に立てるなら、早速、書きます」と答えて、直ぐに自室に戻った。そうしてしばらく沈思黙考。意を決して色紙に「好日」と書く。

現実に瀕死の人に「好日」の文句は、そのままでは酷でもあり誤解を招くだろうと思って、こう言葉を添えた。

「この色紙を渡される時、奥さんに伝えてください。まことに五十年、今まで色々なことがあったでしょうが、その間、本当に嬉しかったこと、楽しかったこと、素晴しかった日のことを、この色紙を見ながら一つ一つ、憶い出してほしい」と。ご主人はうべなって帰られた。

それから一週間。訃報を覚悟はしていた。

しかし一週間はおろか、二週間、三週間を経ても連絡はなく、小衲は気になりながらも雑事に取り紛れていた。

かくして一ヶ月余、この方は亡くなった。

数日後、ご主人が再訪し、あれからのことを逐一話され、心から礼を述べてくれた。

さて、奥さんは色紙を受け取って大層喜ばれたそうだが、その日から常にこの「好日」を眺め、深く考えているふうだった。

すると家族に対する態度が一変して、穏やかで時に笑顔で応対するようになった。驚いたのは担当医で、この安定した状態が理解出来ないようだった。

だがそれでも四週間後のある日、この婦人《ひと》は娘さんに「最期にはあの服を着せてね。それから化粧もあなたがしてね」と晴れやかに頼み、遺影の写真も選んだという。

衣服や宝石も皆、他人にあげてしまい、さらに亡くなる前日に、ご主人に「私はもう死ぬことは恐ろしくないけれど、貴方《あなた》を残して逝《い》くことが辛いわ。長い間ありがとう」と言葉を結ばれたそうだ。

そんなことを全て話されたこの夫《ひと》は、流れる涙を拭いもせず、遠くを見詰めていた。

人生、好い日ばかりではない。しかしその好き日を回想すると、辛く苦しい毎日こそ、その礎《いしずえ》だったことが解る。

そこを深く考え、今の現実を直視したとき、この婦人《ひと》は、この一瞬一瞬がかけがえもなく貴く素晴しい一瞬であることを知ったのだ。

だからこそ、病いの一日一日を大切に、真の寿命を生き抜かれたのだろう。

これを好日と言わずして何と言うか。

いとおしむ心

先日、陶芸家のK氏が訪ねてきた。

雑談のなかで、氏が以前ある養護施設を慰問しようとして、そこの園長にどんな土産を持っていったら良いか質問をした。

すると「B級品でもC級品でも構わないが、本物の手造りの日用雑器が欲しい」と言う。理由を尋ねると、「もちろん、本物を見せて使わせることで情緒・感性を育てたいということですが、それ以上に子どもたちのことですから、良い器でも落として壊したり、割って怪我をしたりすることでしょう。しかしそのことできっと物の大切さ、有り難さを学んでくれると思うのです」と答えられたという。

氏はこの言葉に感動して、直ちにたくさんの食器を届けたが、同時に自分たちの仕事に対する姿勢や、商売の考え方を猛省させられたと言う。

いま世間には物が溢れていて、陶磁器の業界でも深刻な生産過剰で、どこの倉庫も製品が山のように積まれている。氏はそのことで長い間、解決を求めて悩んでいた。

しかし眼が醒めたと笑うのである。

自分たちが原点を忘れていただけだったと。

つまり心の籠もった、手の温もりのある品を一つ一つ造り出すことで、人びとに物の大切さ、それをいとおしむ心を育むのが、自分たちの役目だったのだと気付かされたのだ。

ここまで聞いていて、急に小衲《わたし》は昔読んだ小学生の作文を憶い出した。おおむねこんな話だ。

——その女の子は、手が油汚れになったので、石鹸で何度も洗ったが、大して綺麗にならなかった。遊びざかりの子ども。その残った汚れもさして気にならず、また外に出た。

ひとしきり学校で遊んで帰る頃、グランドで一枚のハンカチを見つけた。

誰か生徒が落としたものだろうが泥汚れがひどかった。いつも母親から言われていたのか、勿体《もったい》ないと思って、この子は拾って持ち帰った。

母親から「どうしたの」と聞かれて、正直に話すと「そう良いことをしたわね。でもそれでは使えないから洗ってみたら」と言う。

この子は素直に洗面所に行って、洗濯石鹸でゴシゴシと手で洗い出した。何度も眺めすかしては洗い直し、ようやくすっきりと綺麗になった。

もちろん、お母さんは大層誉めてくれた。しかし本当に喜んだのはこの子であった。

洗い終わって、手を拭いていたら、今までどうしても落ちなかったあの油汚れが、実にきれいに落ちているのだ。

ハンカチを一所懸命洗うことで、自分の手も洗われていたのだ。

そんな発見が、この子を幸せな気持ちにしたのだろう。

「お母さん、物を大事にすると自分もきれいになるんだね」と言ったという。

色心不二《しきしんふに》、物心不二《ぶっしんふに》などと、仏教では表わす。

残念ながら、それを説明するスペースはもうないのだが。

百足

年が明けて、新千年期と二十一世紀の始まりである。

誰でも昨日（大晦日《おおみそか》）まで、新世紀はいったいどのような時代になるのだろうかと考え、希望や抱負に溢れていたが、いま既にその中で、われわれは生活しているわけである。

当り前ではあるが、「光陰箭《こういんや》の如し」と改めて言うべきか。

そうして、一年は一日の如く、特別な年越しであったにもかかわらず、いつも通りの一日一日が過ぎていく。

それゆえにこそ、禅語に「照顧脚下《きゃっかをしょうこせよ》」や、「看脚下《きゃっかをみよ》」があって、共に足元を見よと、如今《いま》の大切さを教えるのである。

干支《えと》は巳歳《みどし》。

生き物では蛇がそれを代表する。一般には嫌われる生き物の最たるものであるが、それは人間文化のせいで、もちろん蛇に責任はない。

その蛇は全身これ足で、まさに常に脚下《きゃっか》を顧《かえりみ》る生き方をしている。

ところで、似てはいないが脚の多い生き物に百足《むかで》がある。

こちらも敬遠する人は多いが、面白い喩え話があるのでご紹介しよう。

百足と書いてムカデ、実際には百本も脚はないが、たくさんの脚を見事に操って移動するさまは、じっくり観察しても厭きることはない。

あるとき他の虫たちが、その百足の芸術的な足さばきに感心して質問をした。

「ムカデさんムカデさん、なんとも素晴しい脚の動きをされますが、実際には何番目の次に何番目を動かし、その次はその隣というように細かい命令を脚に出しているのでしょう。大変ですねえ」と、半ば感動して、半ば興味を持って聞いたのだ。

すると百足は、「いやそんなことは考えたこともありません」と答えたが、皆と別れた後に妙に気になって考え込んでしまった。

自分のことながら、あまりに不思議な脚の動きである。

そこで「そうだ。今まで気にもしなかったが、一体全体どのように動かしていたのだろう」と自問を始めた。

ところが右の何番目の脚が動いたとき、左の何番目が動き出し等々と考えた途端、脚がもたつき、ついに絡まって、引っ繰り返ってしまったのである。

これは喩えである。つまり脚を観ることと、脚下を看るということは全く違う。

しかし、どこが違うのか。

それは、脚を観るとは、脚に見る意識を集中することだ。すると、この見るという執着は百足のように、必ず他の感覚の働きを阻害する。

一方、脚下を看よとは、何ものにも意識を執着させない境地のことで、そこから霊妙不思議な動きが生まれるということだ。

言葉をかえて言えば、われわれを生かしている大いなる力を素直に受け入れ、よけいなはからいを止めた生き方が大事だということ。

実はこのことも、新世紀早々に、小衲《わたし》なりに主張してみたかったのである。

天道花

長い冬が始まった。暦の上では春を迎えているが、これからが冬本番であろう。

さて、昨年の暮れにある寺の坐禅会に行った。そこに何人もの在家の男女の修行者たちがいて、無心に坐る姿は良かった。

その折、参禅に来た初老の人は、農業をしながら郷土史や文化財の研究をしている市井《しせい》の学者である。

なかなかの見識を持ち、毎回の坐禅会に来られるが、この度このような話をしてくれた。

昔から丹波地方に伝わる「天道花《てんとうばな》」と「日天参り《にってんまい》」のことだ。

春まだ来ぬ前、それでも冬枯れの山々が静かに眼覚めようとする頃、いち早く山奥に赤く咲き出す花がある。その花の在る場所は、村の古老の人たちが僅かに知っているだけ。

そうしてこの清楚《せいそ》で、それでいて華やかな花を、ある時期になるとこの人たちは、腰に弁当を下げて山に探しに行くのだそうだ。

ゆっくりと登る彼らの後姿は、実に誇らしげでもある。

そうして終日かけて、それを見付け出し、摘み束ねて山を下りる。まことに山里には老いて元気な人たちが良く似合う。

またこれを待ち構えているのは、もちろん子供たちである。竹竿《たけざお》の先に花を括《くく》り、家々の一番高い木に結び付ける。頂《いただ》きのその上に花を咲かせるわけだ。

これを春のお天道さまを待ち望んで、迎えて祝う「天道花」と言う。

また「日天参り」とは、春分の頃、村人は示し合わせたかのように、日の出前から真《ま》東《ひがし》に向ってずんずん歩いていく。

みな茣蓙《ござ》やら弁当、御神酒《おみき》を持っている。

陽が昇ってもさらに進む。いよいよ中天に太陽が来れば、そこで持参したお供物、弁当などを広げて、日天に感謝を捧げ、そのお下りを頂戴するのだ。

楽しい一時がすめば、今度は逆に陽を追って西に戻り、家路を急ぐ。日没と同時に吾が家に辿り着く。

これを日天参りと言うのです、とこの人は懐かし気に話してくれたのだ。

久し振りに良い話であったが、途端に先々師に、隠侍《いんじ》時代よく言われた「出家はどんな客が来ても寺に上げ、決して手ぶらで帰してはならない」という簡単な諭しを憶い出していた。

そうしてあるとき小衲《わたし》は生意気にも、「貧乏寺に住職して、何もものが無かったらどうしますか」と質問をしたことがある。

すると老師は怒りもせず「なに、笑顔でも良いし、ためになる話でも良いがな」と、にっこりと笑われた。八十一歳の頃であられたか。

先の古老たちは、若い世代に土産をもたらした。その土産とは、本当に待ち望んだ春のことだ。

それはまた、彼らの役目でもあった。そうして、黙って受け継いでもらいたい教えでもあった。

だから小衲はこれを書き留めたのである。

行なうは難し

ある高齢のご婦人から手紙と共に梅干《うめぼし》を頂いた。持ち山の梅を品の良い味に仕立てて、いつの頃からか毎年贈ってくださるのである。

その方の温かい心と、その誠意に、小衲《わたし》はただただ恐縮する。

そうしてその手紙にはこう書かれていて、また深い感動を覚えたのである。

「私も九十六歳になりました。生きていくより、毎日、生かされていると思います」。

九十六歳の人の言葉はさすがに重みがあるなどと、簡単に片付けられるであろうか。

以前、この方よりもさらに高齢で、なお矍鑠《かくしゃく》とした老僧がいた。

百歳の内祝いの席で、健啖と酒豪ぶりを発揮し、周りのものを驚かせも喜ばせもしたが、「来年も祝いの会を皆で開こう」と本気になって主催者の一人が言ったところ、この老僧しばし間をおき、快諾されると思いきや、「いや、人間、明日のことは誰にも分らん」と音声《おんじょう》明瞭に言われた。

皆、唖然とするばかり。

これもまた、簡単に片付けられぬ言葉の重みであった。

ここまで書いてきて、ある逸話を憶い出した。それは、中国の有名な高僧の話である。本来、新住職が寺にはいることを入山というが、昔の禅僧は文字通り、単なる未開の山に入ることを意味した。

つまり伽藍《がらん》が整えられた寺に入る者は非常に稀であったのである。住職の徳を慕って、後に修行僧が雲集し、一大伽藍が出現したというのが普通である。

この僧は都から少し離れた山に入った。

もちろん、師匠の命でこの山を開けということ。しかしそれは全く瓦礫《がれき》の山で、灌木一本生えていない禿げ山。われわれはこういう山を骨山《こっさん》と言う。

しかしこの和尚、この山奥に茅屋《ぼうおく》を建てて、一向に気にしないばかりか、街に出て乞食《こつじき》の後は、必ず子供たちを集めた。そうして彼らにこう命じた、というよりも頼むのだった。

「よいか、街中から履き捨てられた草鞋《わらじ》や布屑《ぬのくず》を拾ってきておくれ。そうしたら駄賃《だちん》をあげるから、あの山に置いてきてほしいのじゃ」。

すると街中の子供が面白がって、それこそ次々と屑を運び届けた。

禿げ山には徐々に屑の山ができ、その屑山も何日も何ヶ月も過ぎると、あちこちと山全体を被うようになった。

しかも、街はあっというほど綺麗になった。

そうして何年かが過ぎた。

この何もなかった山から草が生え、木が繁り、鳥が通い、花が咲いたのだ。まことに豊かな山に変って、たくさんの修行僧が集《つど》っていた。

この三話の共通点や意味は、あえて説明するまでもなく読者氏にはもうお分りであろう。

言うは易く、行なうは難しと言う。

言葉の重みとは、そのことを成し遂げた人にのみあるのであって、言葉を使う人にあるのではないのだ。

応える

『蜘蛛の糸』は芥川龍之介の名作で、仏陀と盗賊との僅かな縁が、我欲によってはかなくも消え去った物語である。

これは仏陀の心に盗賊が応ずることが出来なかった結果といえるだろう。

さて、小衲《わたし》がいまだ和歌山の興国寺に在職中、一本の蜘蛛の糸が発端となって、思いもかけぬ数々のことが起きた。

興国寺の開山、法燈国師の命日は十月十三日。その開山忌の前には、いつも開山像に冬支度の法被《はっぴ》や檀引など荘厳《しょうごん》を施す。

その時にお像を抱き上げるのが小衲の役目であったが、この年かすかな異変に気付いた。目の前のお顔の左頬に何かが白く光ったのである。眼を凝らすと、透明な蜘蛛の糸だ。

さらに注意をして観ると、糸のあった頬に小さな穴があった。虫喰いである。その途端、それが自分の頬の疵《きず》のように思えた。

驚いて直ちに町の文化財の担当者に連絡すると、その後次々と専門家の手を経て、解体修理ということになった。

その結果、仏像彫刻の面で幾つかの貴重な発見があって、マスコミに取り上げられ、片田舎の寺には少々騒々しい日が続いた。

また時を同じくして、今まで不明だった国師の中国での最終修行地の寺が発見されるなど、不思議な因縁を覚えたものだ。

以後、次々と縁が広がり、尺八の交流など日中文化の橋渡しさえ始まった。

まことに細い一本の糸が、眼に見えぬたくさんの縁を紡いでいたのである。

さて話は変るが、仏陀と、ある弟子のこと。

この弟子が、仏陀の説法中に不覚にも居眠りをした。仏陀は常になく強く彼を叱責した。ために弟子は畏れ、探く悔いて密かにある決意をした。すなわち、今後二度と眼を閉じないと。

これは瞬《まばた》きさえ許さぬという非情な覚悟であった。

そうして数ヶ月後、彼の眼は閉じることなく光を失ってしまった。

しかし経典では、彼は肉眼を失ったが、法眼《ほうげん》（悟りの眼）を得たと伝えている。

昔、小衲はこの話を読んで大いに感動し、発憤鼓舞して修行に熱を加えた。それでも彼に比して、我身の怠惰と不真面目を恥じるばかりであったが。

ここで考えるべきことは、なぜこの弟子は自分をそこまで追いつめたかということ。後に小衲は気付く。彼は自らそう決意して実行したというが、本当は違う。応じたと言うべきだ。

つまり彼が仏陀の叱責に深く悔いて、修行に励んだということではなく、その瞬間に自我《エゴ》がなくなり、ただ眼を閉じない者に成ってしまったのだ。

そうしてまさに、これこそが仏陀の願いに応じたということなのだ。

小衲もまた意識して蜘蛛の糸を見たのではない。

ただ素直にこの糸に応じただけである。

この大いなる呼びかけに答えることを、仏教では応《こた》えると書く。

擬宝珠の根

整然と組まれた石垣の間から、毎春、擬宝珠《ぎぼし》の芽が顔を出し、日毎に大きくなっている。石と石の間の僅かな土に植えられたものが、どうして水や養分を吸収しているのか不思議だが、たぶん根が石の間を縫って地中深くに至っているのであろう。

こんなところから生命の仕組みの精妙さを教えられるが、人の世もまた同じではないか。

さてこの頃、先師と先々師との法要が終った。

たくさんの縁ある方々が参列焼香をされたが、予定をしていた人で都合で来られなかった方も少なくない。ある大和尚は、一年程前から出席の約束をされたが病気で不可能となった。そうして真に残念ですと連絡が入った。

それは以前、行事でこの大和尚《かた》と席が隣どうしとなって、話が法要のことに及んだところ、急にぜひともその行事への拝請《はいしょう》（案内）が欲しいと言われたことによるのだ。

そこで小衲《わたし》は「どんなご縁で」と尋ねた。

すると、この方は以下のことを感慨深げに話された。

いまだ京都の僧堂で駆け出しの雲水時代。暫暇《ざんか》（一時的な下山）で僧堂を退出し、自坊《じぼう》に戻る前に市内の法衣店に立ち寄った。

少々の必需品を購入してから帰ろうとしたのだが、法衣店の主人は自分のために軽い食事を用意してくれた。そうして時間までゆっくりしていきなさいという言葉につい甘えた。腹が一杯になると、あの厳しい道場から外に出たという安心感もあって、ウトウトと眠くなり何時の間にか横になってしまった。

しばらくの間、気持よく寝ていたのだろうが、人の声と気配で眼が醒めた。なんと眼の前に堂々たる体躯の偉僧が立っている。

「おお、これはご免」と、その偉僧《ひと》は言われたが、この人物こそ先々師、逸外《いつがい》老師である。もちろん初めてお会いするが、この老師が誰であるかは並の雲水でも知っている。大変に恐縮して跳び起きて、居住まいを正し、「失礼いたしました」と低頭した。

すると老師から、いずこの弟子かと尋ねられたので恐懼《きょうく》返答すると、さらに「しっかりと修行をしてくださいよ」と励まされ、そのうえ草鞋代《わらじだい》にと、いくばくかの金子《きんす》まで頂戴したのだ。

実はそのときこの大和尚《かた》は、修行への挫折感と懶惰《らんだ》の思いが錯綜し、このまま故郷に帰り二度と僧堂には戻らない心算《つもり》だった。

しかし、一面識もない大老師から声を掛けられ、小遣いまで頂き、激励された。それはもう本当に感動したそうだ。

以来、心を入れ替えて修行に励まれたのはもちろんだが、この巡り合わせがまことに有り難く、いつか機会を得て、正眼寺に拝塔《はいとう》したいと願っていたと言われたのである。

残念ながら病を得て、その治療の都合上、この度の来山は叶わなかった。しかしご自坊で遥かに香を焚き、拝をされたよし。

先の擬宝珠ではないが、人の心の深くに根を張る縁は、まさに人を育てるということだ。

Ⅳ

一粒の米

精進料理は禅家の極意の一つであるが、この頃、来客にこんな質問をされた。

「さぞかし僧堂《おてら》では、野菜などをむだなく調理されるのでしょうね」と。

小衲《わたし》は「それは当然ですが、ものを生かしきるのは大変なことですよ」とだけ答えた。

さて、昔ある道場に一人の修行僧が上山してきた。

参道をゆっくり上っていくと、脇に小川が流れている。寺の生活用水であろう。

何気なくそこを覗き込むと、野菜の葉の切れ端が一つ流れてきた。するとこの修行者は急に踵《きびす》を返して、いま来た路を下り出したのだ。

おそらく、このようにものを粗末にする寺では修行する価値がないと思ったのだろう。

だがしばらく下りると、後から誰かの足音が急に近づいてきた。あっと言う間もなくこの人は彼を追い抜き、水の中にざぶざぶと入り、生の菜っ葉を拾った。そうして大切そうに手に包んで帰っていくではないか。

その途端に、この修行僧は深く頷くと、再び参道を上り出したのだ。

小衲はこの話を先の老師の講座で聞き、以来ものを粗末にしないと気を付けたが、托鉢《たくはつ》の時にこそ、その修行が出来た。

とくに米の喜捨を受ける際、ごく稀に少しこぼすことがある。もちろんその米は一粒残らず拾わなければならないが、そのことを以前にも増して強く思うようになったのである。

実際ある時、小衲は農家の軒先で喜捨を受けそこない、ずいぶんの米が地面に散った。直ぐに蹲《うずくま》って拾い出したが、本当に寒い日で、手足ばかりか身体も凍えて、胴震いが止まず、とても拾えたものではない。

もちろん指も動かないので結局、両手の指を合わせるようにして拾うのだが上手くはいかず、摘めぬ焦りと、寒さとで何とも遣る瀬ない。

でも、いつしか緊迫感からか、それこそ一心不乱になっていた。ただ手と米と、それだけしか見えなくなったのだ。

それからどのくらいの時間が経ったのか、何か傍に暖かい気配がする。ふと眼を転ずると、なんと先ほどの施主の老婆とその孫の女の子が、一緒に米を拾ってくれていたのである。

「おっさま、もうよろしいのに。鳥が食べますで」と言われたが、「いえ申し訳ありません。粗相をいたしましまして」と恐縮して拾うばかりであった。

とその時、なぜか手足や身体まで熱を帯び、嘘のように寒さが失せてしまったのだ。まことに不思議なこと。

だがこんな体験は実は自分だけではない。同じようなことを今の雲水からも聞く。そうして皆一様に感動して、臆面もなく泣けて、ものの大切さを感じ取ったと言う。

一枚の菜っ葉も、一粒の米も、それを生かしきるのは人であるが、それは、ものそのものに生命を見ることができて初めて可能になる。

人の生命は貴い。しかし、ものの生命も貴いという体験を経ずして、このことが分るものではないのだ。

常山干し

緑鮮やかな境内に皐月《さつき》の花が判を並べたように咲き揃う頃、僧堂では接心《せっしん》がまた始まる。作務《さむ》大接心といって、他の道場では行われてはいないようだが、労働が組み込まれた特別修行期間である。

その接心の名物に常山干《じょうざんぼ》しがある。

山野に自生する臭木《くさぎ》という落葉低木は虫も鳥も寄り付かぬ強い匂いのある木で、それゆえに何処にでも生える嫌われものだ。これをこの地方では常山と言う。常に山に在るというわけであろう。もちろん材木にも、そのままでは食用にもならない。正眼寺の開山様はここ伊深の地に九年間、隠れられた時、この臭木の葉を摘み、湯がいて水に晒して灰汁《あく》を抜き、さらに天日に乾して保存。後に必要なだけ水に戻して調理をする、非常食として考案された。

以来、里人に伝えられ、今に至って雲水《うんすい》の作務にその方法が残された。

梅雨の前、日射しの強い日中に境内に座り込んで、この葉を一枚一枚干していくのは見かけ以上に厳しく、それは数日続く。

ところで、この接心中に一人の雲水がこんなことを報告した。

彼は山内の常山を伐採中に異様な声を聞いて立ちすくんだ。なんとも悲しげで苦しそうな、それこそ螺子《ねじ》を締め上げるような声だ。

そこで何の声かとその方向に飛んで行くと、そこにはおおきな蛙が左脚から二メートル弱の蛇に飲み込まれようとしていたのである。

声はこの蛙の悲鳴だった。彼はまた立ちすくんで成す術《すべ》がなかったが、途端にこの世の生き物の生存競争の凄まじさ、峻厳さを、身体が痺れるように覚知したという。

「自分の生き方の甘さを知らされました。明日も生命はあるのだという安易な生き方は間違いだと、恐ろしいほど分りました」と言う。

その日から彼の修行ぶりが変ったのは有り難いことだった。

しかし冷静に観れば、これは悲劇でも残酷なことでもない。自然の中で日常茶飯に繰り返される営みである。

生き物が生きていくには、他の生きものの生命を必要とする。そうしてまたその生き物も、他の生命を養う役目を荷負《にな》うのである。

さて、ここで考えたい。開山様はなぜにこの臭木の葉を食料として考案されたのであろう。

過去二十五年以上もこの作務をし、また見続けている小衲《わたし》は、その疑問を抱いた途端に開山様の真の心に触れることができたと思う。

それは、工夫によってものを活かすのは大事なことだが、開山様はそれよりも常山が他の生きものの食糧ではないからこそ、自分がいただかしてもらうのだと思われたのだ。

つまり、他の生きものの生存を脅かすのは、自分は出来るだけ避けたいということだ。

そうしてこれこそが、自然界の弱肉強食のありさまを越えて、他を生かし自分をも生かす人の真の生き方ではなかろうか。

昨今の世情を観ると、その感一入《ひとしお》である。

無作妙用

緑の風が吹く

夏の坐禅は昔から「犬も喰わぬ」と言われている。何でも口にする犬さえも、これには見向きもしないということだろう。

着物の上に衣を着る。夏はそれだけで汗が出る。風がそよとも動かぬ日など、汗の中に身体が入っていると思えるほどである。

しかし修行僧はこの中で、「ウンウン」と唸るように坐らなければならぬ。

面白いことだが、この熱気から逃げるところもなく、そんな涼風も漂わぬ坐禅中に、汗が流れるだけ流れると、時に不思議な体験が訪れる。

坐っている単布団《たんぶとん》までぐっしょりと濡れ、汗が首筋や脇腹や背中を通って脚まで流れる。それでも坐って坐り抜く者がいる。

それこそ彼は汗の中にどんと坐るわけだ。すると、ふっと汗が消え、熱が失せ、べたべたしていた肌に爽やかな風が吹き、嘘のように清々としてしまうのである。

ところで、坐禅に集中つまり禅定《ぜんじょう》が深まった例として、今こんなことが憶い出せる。昔ある泥棒が宿屋に忍び込み、客の巾着《きんちゃく》を盗んでいた。もう一つとばかりに次の部屋に入った。夜も更けているが、闇を透して部屋の中が良く見えるのは、その道のプロゆえだ。

しかしこの泥棒、押し入った途端、「ワァー」と叫んだのである。そうして腰を抜かしたようにへたり込んで、後ずさりしてきた。

もちろん宿の主人や泊り客もみな眼を覚まし何事かと駆けつけたが、そこには件《くだん》の泥棒が「アレ、アレ」と肝を抜かれたように部屋を指差しているのであった。

そうしてその指の先、部屋の内には、一人の出家僧が端然と坐っていた。

役人が来てこの間抜けな泥棒を捕縛し、いったいどうしたのかと質《ただ》したところ、「へい、ここに忍び込んだら、部屋と思ったのは大間違いで、真ん中に大木が生えていて、そりゃ、びっくりしたのなんの」と言う。

あまりおかしなことを言うものよと、役人が次いでこの部屋の僧に尋ねると、「いや部屋には拙僧一人で別に何事もないが」と答える。

だがなぜ泥棒の眼にそう映ったのか。役人がさらに僧に質したら、「なるほど、それは拙僧が坐禅を組んで専一に『柏樹子《はくじゅし》の話《わ》』という公案《こうあん》を拈提《ねんてい》していたものだから、きっとその柏の木に成り切っていたのであろう」と言うのだ。

もちろん、これだけの説明では理解しにくいだろうが、ともかくも、究極の坐禅では、対象と一つに成り切っているということなのだ。

さて、ここで視点を泥棒に移してみる。

小衲《わたし》はこの逸話を紹介しながら、彼はこの日を境に人が変ったなと想像している。つまり心を入れ替えたばかりでなく、この僧の弟子になったのではないかと。

それは、先に坐禅中の涼風の体験を述べたが、それと同じようにこの瞬間、大木から緑の風が吹いて泥棒の心の熱が一気に消え失せたのだ。それこそ彼はすでに世の熱に狂った人ではなくなったのだ。

こんな緑の風が今の世には本当に欲しい。

姉妹の出家

不思議なことがあって、このごろ出家の意味をまた真剣に考えさせられた。それは台湾のある姉妹に、二人別々のルートから出家の意志を告げられたからである。それぞれが何不自由もなく勉強をし、仕事もして恋愛もしただろうに、急に二人ともが一ヶ月の間に尼僧になりたいだけではなく、なると言うのだ。そうして日本で修行をしたいと表明したのである。

姉はとくに仏縁が深かったわけではない。しかし再三再四の周囲からの誘いで、和歌山の寺の接心《せっしん》に参加したことが縁で、二月《ふたつき》おいて次の正眼寺の接心で出家の決意をしてしまった。

それこそあれよあれよという間で、さらには台湾帰国後に両親の賛成も得て、得度《とくど》剃頭《ていず》の予定まで決まってしまった。

受け入れる側が考えている暇がない素早さであった。しかし台湾ではとにもかくにもめでたいことで、一応は落ち着いた。

さてそれから二十日後、小衲《わたし》は例年の米国の禅堂での特別接心に雲水と共に参加した。

そこに先の姉の下の妹が来ていた。

彼女はロサンゼルスの台湾仏教系大学の大学院生。研究調査などのために接心に参加しているのだろうと思ったが、何回かの参禅で彼女の話を、自分の不確かな英語力で聴き取ると、「私は子供の頃から、自分とそうでない自分との乖離《かいり》のような実感があって、本当の自分とは何であろうかと、いつも考えてきたのです」と。

そうして「いま勉強している仏教の教理や、瑣末な文献の語句研究が、この問題に対していったい何の解決を与えてくれるでしょうか」、「やはり、その教えの実践、行を通してしか分からないと思います」と言う。

「それは、つまり出家して修行をしたいという意味なのか」と問うと、きっぱりと「そうです」と、また答えたのである。

小衲はしばし言葉がなかった。

後に詳しく質《ただ》してみて「姉妹《ふたり》でこのことを相談したことがあるのか」とも聞いてみた。するとと答えは「ノー」であった。

そうして、いま憶えば、二人の瞳はこの確認のとき真に強い光を放っていて美しかった。

ところで先日ある著名な外国人で、日本に家庭を待たれた方からこんな話をうかがった。

戦後十年も経たない頃、初めて来日し、大学で学ぶことになったが、アジアの敗戦国日本の再生を、その来日の日に確信したと言われた。

そこで、それはなぜかと問うと、「その頃、貧しい日本人の誰もが、その貧しさの中で本当に強く美しい眼をしていたからです」と、感慨をもって言われたのである。

「しかし今の日本の人たちの眼には、もうその輝きはありません」とこの方は付け加えたが、彼の瞳にはそれこそ寂しさが宿った。

これを思えばこそ、この姉妹の瞳の輝きがなんとも貴く素晴しく思える。

それと共に、この二人を受け入れる小衲としては、不思議な縁に身の引き締まる思いがするのだ。

病は不自信より来る

今年も夏が終り、秋になった。

季節《とき》の移り変りの早さに驚くが、この時期、何かしら寂しさを覚える出来事が多くなるのも事実である。

先日、ある方がそんなニュースを教えてくれた。それは以下のようであった。

若い娘が一人旅をしていた。途中で若者に出遇い旅を一緒にすることになった。これは今時珍しいことではない。もちろん良否は別にする。

数日後、ある片田舎の温泉地で泊り、翌日、宿の前の川で二人で水遊びをした。するとこの娘が深みにはまって溺れてしまった。若者はそれを見て慌てて「誰か助けてくれ」と大声で叫び救いを求めた。

だが瞬間には誰も動けず、ついに大事に至る寸前、騒ぎを聞きつけた宿のフロント係の青年が、夢中で川に入って彼女をやっと救い出した。

しかし、この青年は泳ぎが得意ではなかった。それゆえ今度は自分が溺れ出したのだ。直ちに同僚の一人が川に飛び込み沈んでいく彼を掴んだが、残念なことに急流に巻き込まれてしまったのである。

哀しいことだが、なんとも貴い話。だが話はこれで終らない。

救い出された娘と若者はこの一部始終を観たはずなのに、フロント係の青年の安否を気遣うどころか、現場から逃げるように立ち去ったという。それも別々に。

後にその事実が確認され、青年の葬儀が営まれる報道の中、母親はテレビでこの娘に向かって、せめて線香の一本でも霊前に供えて欲しいと訴えたというが、無理もない。

まことにこの女性と青年の取った行為は許されるものではないが、なぜそうなったのか。

次の喩え話に答えがあるのではないか。

——父と子が野良《のら》仕事を終えて、馬を引いて帰っていく。

道で行き交った人から「ばかな親子だ。馬に乗って行けば楽なのに」と独白されて、「なるほど、それもそうだ」と父親が馬に乗って帰ることとなった。

それからしばらくすると、また別な人と行き交った。その途端「息子も疲れているだろうに、自分だけ馬に乗るなんて」と独り言を言われた。父親はそれを聞いて「本当にそうだ」と思って、二人で馬に乗ることにした。

またこうしてしばらく行くと、今度も出遇った人から「二人して乗るなど、あまりに馬が可哀相ではないか」と独白された。

二人ともこれを聞くと、「いやごもっとも、自分たちが間違っていた」と馬を下りて、なんと父が馬の前脚、息子が後脚を担いで歩き出したのである。

その後、行き交う人たちから大笑いされたが、この父子は満足気であったという。

これは有名な比喩であるが、古人は「病は不自信より来る」と喝破《かっぱ》している。

実にこの父子の愚は不自信による。今日風に言えば、真の主体性の欠如であろう。

先の情理に欠けた二人の男女の行ないも、実際はこの不自信から生じたと言えないか。

当り前のことが当り前にできない。これを不自信という。その病は本当に恐ろしいのだ。

胸を張って生きる

今秋、スイス接心《せっしん》の後でハンガリーに飛んだ。

首都ブタペストの夜景は世界遺産に指定されているが、幻想的な夜は今でも記憶に残っている。縁ある方があって、国会議事堂やリスト音楽院などで特別な案内も受けた。

この方々から、小衲《わたし》は国立科学アカデミーで禅についての講演を依頼されていた。

通訳を担当した青年は、ハンガリーの国会議員である父親と何度か正眼寺を訪ねている。

そうして母親は日本人である。

彼ら家族の歴史は、ハンガリーという国の大変な圧政と動乱を経た歴史そのものであると言えそうだ。

さて九月十一日、まさにその日、講演の直前に彼から大変な事件を告げられた。ニューヨークでの同時多発テロのことである。

小衲は驚愕冷めやらぬまま、一通りの話を済ませた。その終了間際にこのテロのことを話し、いまだ知らぬ人たちを騒がしたが、そこでこう話を結んだ。

「このように世界にも一人一人の人生の上にも、時に予測がつかぬことが起きて、われわれの生き方を変えてしまう。しかし、そのような時にも胸を張って堂々と生きたい。それが禅の生き方である」と。

その後、正直なところ日本に帰ることが出来るであろうか、それが接心参加者の偽らざる気持であった。だが、幸いに各空港の検査は厳しかったものの無事、関空に到着できた。皆の無事が今回ほど有り難かったことはない。

ここでこのテロ事件を小衲が云々することは適宜を得ていないが、少なくとも他との共存共栄、つまり国家間または民族間、とくに異宗教間での共生という理想はあっても、その理想からほど遠い現実の中でわれわれは生きているのだと、誰もが実感したことだけは間違いない。

さて昔、仏陀在世中のこと。

ある国の王と妃が、別々にこの世で誰が一番愛しい者かということを真剣に考えた。そうして二人共に「最愛のあなたよりも自分が愛しい」と結論したのである。

しかし、この結論は本当に正しいのであろうかと疑心が湧いたので、共に深く帰依していた仏陀に尋ねたのだ。

すると仏陀は「まことにその通りである。吾が身ほど愛しい存在はない。また同様に他の者も吾が身が愛しいのである。それゆえに、他の者を大切にしなければならない」と諭されたという。

またこの頃、知人の娘が結婚して、久し振りに実家に帰ってきてこんなことがあった。「彼がとても優しくしてくれるの」と娘が両親に報告する。すると父親が「檀那《だんな》がそんなに優しくしてくれるなら、お前はその倍、優しくしてやれ」と言ったという。

これは先の仏陀の逸話と一つ。仲睦まじい若夫婦が眼に見えるようである。

自分が受けた以上の愛や尊敬を他に返す。そのことでテロの因も縁もなくなると思うが、これこそが小衲が胸を張って生きよと結論した生き方なのである。

古道

年の暮れ、種々行事が錯綜し、慌しく日が過ぎていくのは僧堂でも同じである。

そんな頃、茶会があって、茶筅供養《ちゃせんくよう》を行なった。これは一年の間、茶人が使い減した茶筅を茶毘《だび》し、それぞれが感謝報恩と一段の修養の向上を誓う行事だ。

そこで小衲《わたし》は自作の詩を詠んだが、その結句を「古道を再生せん塔炉の辺」とした。

昨今の世相、世界情勢を観れば、古道（真の道）を再生せんと誰もが願い誓うべき季《とき》と思う。またこれは新年に当っての自分の決意でもある。

さて再生の言葉の意味は簡単であるが、禅門ではこれを「絶後《ぜつご》に蘇《よみがえ》る」などと表現し、特別な考え方をする。

その具体的ともいう例をある植物の専門家から聞いた。それは森の木々は自分が枯れたり倒れたりすると、その場所に吾が子、つまり子孫が自然に育っていくのだということ。これが絶後（一度死ぬこと）に蘇るという意味にあたる。

逆に言えば、自分が消滅しなければ、吾が子はその場に育たないということだ。

真に厳しい現実をそこに見る。

それを「親木が生きている間には、その木の下には苗木《なえぎ》は育たない」とこの人は言う。そんなばかなと普通は思う。実際、松毬《まつかさ》は松の木の下にたくさん落ちていて、仔細に観察してみれば、その辺りに小さな芽がたくさん出ている。

それがどうして育たないというのか。

しかしもっと良く観て、とこの人は言う。自然の森では、松の木の下には槙《まき》や椎《しい》の木は人の背丈までも育っているが、そんな松の苗木はないでしょうと。

つまり自分が大木になっていく過程で、他の木は育つことを許しても、同種である吾が子は育てないのだということだ。

この現象を科学的に解明することは可能だろう。たぶん親木からの雨の雫《しずく》が苗木には毒になるのではないか。

以上をまとめると、木の子孫は自分の枝を張る領域内で成長することは不可能だが、その領域外ではもちろん育っていく。

さらに少しでも外に飛んだ実から、その種《しゅ》は育ち成長するということだ。

ここまで考えて、急に以下のことに気付いて、小衲は慄然《りつぜん》とした。

人間社会ではどうであろう。とくに今の日本では。

家庭で、親は吾が子をあまりに庇護しすぎてはいないか。それはこの論から言えば、育てているのではなく確実に殺しているのである。

大袈裟な表現と笑えるであろうか。

自分の眼の届く範囲内でのみ、吾が子を育てようとするのではなく、自分の力の及ばないところに置き、見守って育てるという道を人は忘れてしまったのではなかろうか。

と同時に、他を育てるということが、即自分の成長に本当はつながっていたということをも。

これを小衲は古道と表現したのだ。

流れ星への願いごと

昨年の初冬のあの一夜は、日本中の人々に大きな感動と昂奮を与え、そうして自然に対する畏敬の念を強くさせたに相違ない。

もちろん三十数年ぶりという、しし座流星群のことである。

しかし、とんと夜空を見上げなくなったわれわれには、しし座といわれても何処か分らぬもの。

さて僧堂の早晨は振鈴《しんれい》から始まる。

次いで大鐘が打ち出され、今まで森閑とした境内に種々の音が響き、修行僧の眼醒めた行動が始まるのだが、この日は托鉢《たくはつ》日であった。

それも一番遠い地域まで出掛ける日。開静《かいじょう》（起床）は午前三時である。洗面などがす

星への願い

めば、直ちに粥座《しゅくざ》（朝食）で、三時半頃には出発する。

小衲《わたし》は留護する者たちと、三時から朝課《ちょうか》を行うが、流星の出現予想時刻通り、本堂前は夜空を照らすように星が降っていた。

朝課がすんで庫裡《くり》に戻る間も、この星空を見上げ厭きることはなかった。

一方、托鉢に出た雲水たちはどうであったろう。

寺の境内の樹間から見上げる夜空よりも、満天を望む未明の田舎路は、漆黒の大地と煌《きら》めく星夜である。次々と降る星屑に、彼らは魅了され大きな感動に包まれて歩いていたことだろう。

自然の大道場を雲水が歩き、それを天が賛嘆するかのような天空のショー。それは僅か二時間であったが、それでも雲水たちの一生の憶い出となるのに充分な二時間であった。

さて彼らが帰山し、何事もなかったかのように僧堂の行事もまた繰り返されていく。

翌朝、いつものように朝課が行なわれ、粥座の後、坐禅、参禅と進む。その参禅の時、ある雲水が昨夜のことを話し始めた。

「托鉢に出てしばらくして、眼の前に開けた夜空からたくさんの星が次々と流れ出し、それを眺めては茫然とするばかりでした。そのうちに『あっ、そうだ、昔から言われている、あの光芒が消えぬ間に願い事をしなければ』と思ったのです。

それからは、現われては消える光の軌跡を捕えては『こうありたい』、『こうなってほしい』と次から次へと願いごとを唱えていました。

そんな尽きることのない願いごとが、次々と湧いてくるのが不思議でもありました。

しかしそう感じた途端に『なんて自分は浅ましいのだ』と思ったのです。出家をして修行の中に身を置く自分なのに『まったく醜い欲だらけではないか』と解り、愕然としたのです。

それからは深い反省と共に、ただただ流星を眺めるだけの自分でした」と語り、彼は自分の感情を抑えていたが、何かを決意したらしい表情は良かった。

この雲水の述懐を聞いて小衲は正直なところ、驚くと共にほっとした。浅ましいという言葉を二十歳《はたち》そこそこの若者が口にし、その意味するところを自分の内面に見い出し、素直に吐露したことに安心を覚えたのだ。

「流れ星への願いごとは叶えられたな」と、小衲は咄嗟に言ってしまったが、たぶんこの雲水《おとこ》には理解できたであろう。

大日如来像

年明けは大雪だった。

数十年ぶりの異常で、境内の積雪は五十センチを越えたかもしれない。

それを押して年始の来客が本当に苦労され、上山してこられたことには頭が下った。

そんなとき悲報が届いて、われわれとそれこそ県内中に驚きと悲しみが広がった。

正眼寺の大信者が、不慮の事故であっと言う間もなくこの世から消えてしまったのだ。

しかもこのH氏は、年末大晦日も近くなって、わざわざ挨拶に来山されていた。

そうして寺の改修工事のことを大変心配されて、惜しみない協力を申し出てくれた後、ご自身の用件として、この頃完成した仏像をぜひとも見てほしいこと、またその仏像の安置場所について相談に乗ってほしいと、子供のように嬉しそうに頼まれたのだった。

県会議員H氏の無私ともいえる幅広い活動は、県政というよりも国政的レベルだった。

ところで小衲《わたし》には、この年末の約束が大変気にかかったのである。

H氏の説明によると、その仏像を彫った天才的な彫刻家は、どういうわけか推されて首長選に出たが、惜しくも落選した。その後、この人はショックが大きく立ち直れず、思い詰めて自殺まで考えるほどになった。

H氏は何度もこの人を訪ね、励ましては遂に、自分が大切に保管してきた樹齢二百年の天然檜の材を提供するから、そんなにくよくよせずに、ひとつ仏像を彫ってくれ。それは自分の理想とする地球の自然を守る仏像だ。つまり大日如来像だが、どうだと提案された。するとこの人は闇の中に光が射し込んだように眼覚めて、鑿《のみ》を振い出した。何度か神仏の加護に助けられ、背中を押されるようにして五ヶ月余、その像は台座を残して出来上った。

それは大変立派な出来映えで、ぜひ小衲に見てほしいと、H氏は再度言われた。

小衲は今まで、正眼寺三代にわたるこの大檀那《だんな》の自宅を訪問したことは一度もない。それがさかんに誘《いざな》うのである。

小衲は何か深い意味のあることを感じてはいたが、二つ返事でその申し出を受けた。新春の十日の日と決めた。

そこでこの事故である。その間、僅か四日。

だからこの約束は重い。密葬の二日後、遺族からもまた、この話が出た。まさに遺言であった。

それゆえに約束した日、初めて彼の家を訪い、大日如来像を拝見した。それは息を呑むような圧倒的な迫力と、静謐さを漂わしていた。

またお顔が故人と既に亡くなっていた奥さんの両方に似ていると思ったのは、気のせいではない。

あのときH氏は、今の世で人心の混乱を救うのはもう仏の力しかない。だからこの如来に願いを託していると言われたのである。

さて、新しい年を迎えると、われわれは一年の計は元旦にありと、夢と希望を抱くもの。

今年は大変な雪で始まった。

小衲は思う。H氏はこの大雪のように純粋で限りない夢と希望を残された。だが、この願いは雪のようにはかなく消えることはない、と。

枠を打ち破る

「禅僧ジャズを聴く」、こんなタイトルで新聞に載ってもおかしくない光景だったろう。本場のジャズを、正眼短大の講堂で初めて雲水や学生たちと聴いたのだ。

だがそれこそのりは悪くとも、おおむね両者に好評であった。

彼らはアメリカジャズ界の超一流の演奏家である。また、リーダーは日本で禅の修行をしていて、そのリラックスした演奏だけでなく、自然で流暢な日本語には驚かされた。

しかし小衲《わたし》が本当に感心したことは、演奏が終了した後の彼らとの雑談の中にある。

そこで小衲は聴いていて幾つかの感慨や疑問を抱いたのだが、まずは演奏が楽譜なしで行なわれていること、ジャズは大半がその場での創作・創造の結果で、二度と同じ演奏がなされないのだという初歩的な発見を、彼らに疑問として質問してみた。

するると、「その通りで、喩えて言えば、われわれは演奏を通して会話をするのです。結局、皆で一つの話の構成をしていくようなものなのです」とリーダーが答えた。

そこで、「では誰かが話の方向を示すと、皆があぁだこうだと連られていくのだろうが、時には、いやそうではない、そんな話は厭だという場面もあるのでは」と、さらに問うと「そういうことはない。われわれは心が通じ合っているから」と答えて、彼は皆に通訳した。

すると、哲学的風貌の持ち主のベース奏者が「いや、そういうことばかりだよ」と素直に言ったものだから、みな大爆笑であった。そうして彼は静かに続けた。

「われわれはジャズという川の流れの中で浮いているようなもの。一人ひとりの前には扉があって、それに遮られてなかなか流れに乗ることが出来ない。だからその扉を開ける努力が技術の向上で、いつか扉が開ききって初めて演奏らしい演奏が始まる。

しかし、それだけでは不充分です。扉が開いてもまだ枠が残っているからです。でも何かのきっかけでこの枠が取り払われると、今までどうしても出来なかった技や表現が、皆の力でできるのですよ」と言う。

ここまで聞いて小衲はびっくりして「禅そのものだね」と応えたが、「同感です。彼は全く禅の本を読んでいないと思いますが、これは私も初めて聞きました」と、リーダーも言う。

彼らは日本中をレンタカーで旅する。狭い車に身体を押し込んで、楽器と一緒に移動し演奏して歩く。苦行僧のような生活だ。それでも演奏中も含めて、みな本当に楽しそうである。

技術を向上させることで、自分の前に立ちふさがる障碍《しょうがい》を取り除くことはできる。しかし自分で造っている枠を打ち破るのは至難なことなのだと彼は言う。

そうして、この枠を超えて自然と一体となったところを真の演奏だと断言するのだ。だからこそ、限界からもう一段の努力精進をしなければならない、そのことの意味と、その深い喜びを彼らは知っているということだ。

これが「禅」と表現した理由である。

活句

普請《ふしん》をしている。

明治の中頃、大震災があって濃尾地方は壊滅的被害を受けたが、その後数年、徐々に復興が進むなか正眼寺も伽藍《がらん》の改築が始まった。そうして明治三十四年おおむね完成した。その感動的な話は今は措くが、それから百年、全伽藍の修復の時期に来たのである。

全く大変な工事なのだが、それでも取りはずす古材や、屋根下地板などに、当時の大工や屋根葺《ふ》き職人が書いた落書や覚え書などが出てきて、面白いと思うとともに緊張を解かれる。何気ないこんなメモが、後世に貴重な資料となることもあると聞く。

実際「米一升何銭」などと書いてあったりする。さらに明治三十年と書いてあれば、その頃の物価がうかがえるのである。

さて、時さかのぼって約二十年前、小衲《わたし》は雲水の立場で、先師の授業寺《じゅごうじ》、紀州由良の興国寺に、その復興事業と大遠諱《だいおんき》の準備のために派遣された。

三年間、一日も気が抜けない状態だったが、楽しい想い出もまたたくさんある。しかし記憶の彼方になったことを、鮮明に思い出すことは困難である。

だが簡単な日誌を記していたので、それを再読すれば懐しくよみがえってくる出来事は多い。日誌の効用というか、記録メモの有り難さであろう。

ところでその頃、檀家に実に際立った老婦人Kさんがいた。田舎の女性とは思えぬキビキビした物言いと、その抜群の記憶力と指導力で、寺の行事の裏方の一切を差配していた。食事のこと、茶菓接待のこと、また法要の際の仏餉《ぶっしょう》のことも含めて、万般《ばんぱん》取り仕切るのだ。

この女性《ひと》がいれば、行事は大丈夫という観があった。しかもその記憶力でもって、何年前のあの行事では出席者が何人で、料理はどんなものだったか、その評価はどうであったか、仏様の荘厳《しょうごん》で何をお供《そな》えしたか、その什器《じゅうき》はしかじかで何処にしまってあるとか、みな解っていて他の奥さんたちに指示するのである。

全く驚くべきことだがメモ一つ見ずにである。

ある日、小衲は「Kさん、行事のつど記録を取るのだろうけど、よく覚えていますねえ」と感心して尋ねたが、「いや、記録もメモもなにもないわよ」と言う。

「えー、でもメモでもしておかないと忘れてしまうでしょうが」と、さらに質《ただ》すと、「メモをすると忘れるから、メモなどはしないのよ」と、こともなげに言うのである。

「メモをすると忘れる」、この常識に反する、しかも小気味好い言葉は小衲を本当に驚かせた。

そうして、こんな清々しい自信に溢れた言葉はめったに聞けるものではない。

先般ある老師との会話のついで、この話をしたところ「ウーン」と唸ってから、「活句《かっく》ですなあ」と言われた。

活きた言葉、これを活句という。

それは精一杯、活きる人生から生まれる体得の言葉である。

その反対を死句というが、これが今の世の中、氾濫していないだろうか。

灯を点し続けること

サイパンに来ている。

あかず眺めるコバルトの海は、海底の多様な珊瑚《さんご》が映えて深みある陰影をつくり出す。

この島に南溟堂《なんめいどう》が建てられて十数年。これは、戦争で南太平洋に散華《さんげ》された幾多の国の人々の追悼のため、宗教宗派を超えた願いが、先師耕月《こうげつ》老師を中心として集結してできた御堂《みどう》である。

その頃から慰霊の旅が始まり十五年。小衲《わたし》は途中から引き継ぎ七年目になる。

この美しき島で約六十年前、激烈悲惨きわまりない戦争があったことを想像することさえできぬが、島内いたる所に戦争の残滓があり、慰霊碑や塔がたくさん建てられている。

しかし、それらはいま観光の対象でしかない。大半の若者たちは、ホテルから海に直行し、レジャーを満喫し、戦争のかすかな爪痕を、熱帯魚や恋人の背景として喜ぶのである。改めて仕合わせな時代と思う。

先師も、また慰霊の祈りに共鳴された方々も、みな戦争の体験者であり関係者であり、犠牲者であった。だが、そうした方々の大半はもういない。時の無常を思うとともに、時間の流れを実感する。

それでも、いつの時代にも忘れてはならぬもの、受け継がねばならぬものがある。それゆえに小衲は毎年、広き海を越えて、この島を訪れる。

それを単純に「不再戦」と表現するだけでは届かぬことだが、碧き海と遥けき青空の彼方を見続けていると、戦《いく》さなき世界、まさに果てなき祈りを捧げるばかりである。

ある石碑に次のような言葉が刻まれている。

「暗黒の世を呪うよりも、一本一本のロウソクに灯を点すがよい」。

まことに良い言葉。慰霊の心とは、こんな小さな灯のことだろう。

ところで、小衲は先師が使用された机を使っているが、あるとき積まれた書類の下から一枚のメモが現われた。そこに座右の古訓とあり、走り書きのようだが、まぎれもなく懐しい耕月先師の筆跡である。

すなわち、㈠強き反対者はよき協力者である。㈡鋭き反対論はよき指導者である。㈢悪意ある非難は自己反省の時と資料を与える。

これは先人の知恵として人口に膾炙《かいしゃ》している言葉であるが、少々の驚きをもって小衲は読んだ。

つまり、このメモを発見した瞬間《とき》に、生前果断な実行力で前人なきがごとき観のあった先師にして、この古訓を再三再四、復唱しなければならぬほど、辛く大変な立場にあられたのかと思ったのである。

もちろん、それは少しは当っているが、事実は逆。あらゆる艱難辛苦《かんなんしんく》に耐えて、物事に処していく先師のような人にこそ、あの批難、この苦言・忠言が先の古訓のように、よき協力者、理解者と頷けたのであろう。

同様に、この世の中に一本一本とロウソクの灯を点し続ける人にこそ、あの戦争も良き自己反省の時と資料を与えてくれるのである。

ここから真の出発ができないかと思う。

一言

ある結婚式に出席して、頼まれてスピーチをした。大袈裟なところのない、清々しく、まったく暖かい雰囲気の披露宴だった。

その式に出掛ける前に来客があった。

それは緑のおばさん……、小中学校の登下校時に手旗でもって生徒の安全を守ってくれる女性。そのボランティアを自主的に始めて、もう二十年という婦人であった。

「先日、ラブレターを頂きました」と、古稀に手の届きそうなこの婦人《ひと》はにこやかに言う。

「子供たちからも時々、手紙を渡されたりお礼を言われますが、今回は小学校の若い女の先生から『おばさんの日本一短い一言で、毎日たくさんの元気と勇気のメッセージを頂戴しております』と書かれた手紙をいただきました」と、実に仕合せそうであった。

この婦人は毎朝、横断歩道を渡る一人ひとりに、「おはよう」とか、「さあ、張り切っていこう」などと声をかけ続けてきた。雨の日も風の日も欠かさずに。全く頭の下がることである。

だが、そこには言い知れぬ喜びがある。子供たちの返辞、そしてこんな教師の心根。

さて、披露宴でのスピーチはこの話から切り出して、いま美しく成長した新婦の子供時代のエピソードを紹介した。

紀州の寺の檀家《だんか》の娘。この娘が小学四、五年生の時だったか、「あなたがいつか結婚するときには、絶対に式に出るからな」と、小衲《わたし》は半ば強制的な約束をしてしまった。

もちろん理由《わけ》がある。それは同じ頃に次のようなことがあったからだ。

この娘が数人の友だちと寺に遊びに来た。宿題をしたり、絵を描いたり。途中、一緒に掃除をしたが、ふとしたことからふざけ合いとなり、最後にその鉾先が小衲に回ってきた。だんだん激しくなって、ついにこの娘が戯事《ざれごと》とばかりに箒《ほうき》でもって小衲に向ってくる。それまでは笑って相手をしていたが、その瞬間、小衲は箒を奪い取って一喝《いっかつ》した。

「人には、して良いことと悪いことがあるんだ」と。

この剣幕に圧倒されたのか、娘は「ごめんなさい」と素直に謝った。その切ないが可愛らしい声を聞いて、小衲は正直ほっとした。

以来しばしば訪ねてきたこの娘に、いつか先の約束をしたのだった。

スピーチの最後に「この新婦《ひと》の『ごめんなさい』という一言がいまだに耳に残っているが、今も変らず素直な声と心の持ち主だから、小衲は今日この席に参りました」と結んだ。

その後、宴もたけなわの頃、新婦とその親友のAと会場の外で立ち話ができた。

「Sちゃんは、あれから半年もショックで立ち直れなかったのよ」とAが言うと、「そうなの、今でも叱られたあの一言を忘れたことはないわ」とこの娘が言った。

それを聞いて小衲は少々驚いたが、妙に嬉しくなった。

まさに僅か一言。その一言に深い意味が込められていれば、それは数百数千の言葉に勝るということだ。

それでも、人は成長する

接心《せっしん》が終ると、翌日はだいたい終日、設斎《せっさい》といって、朝から晩までご馳走《ちそう》ずくめの供養《くよう》がある。

もちろん僧堂のご馳走だから、菜が二品程度、白米の飯と豆腐の味噌汁ぐらいだ。雲水《うんすい》は接心明けで一様にほっとしているが、みな嬉しそうなのはまた正直である。

それにしてもこの接心（特別修行期間）を経て、雲水たちは一段とたくましく成長していく。

僧堂は特殊な世界であるから、瑣末な変化でも分るのかもしれないが、小衲《わたし》にはその変貌がはっきりと認識できる。真に有り難いこと。

さて、小衲が隣接する短大の学長に就任して間もない頃は、何も分らず古参の教職員の言うがままに動いていたが、ある教授会で一人の学生のことが問題となった。

いわゆる落ちこぼれの学生で、寮にいながら登校拒否、いま言うところの引きこもりである。すでに一年を重複して三回生だが、単位が足らず、出席日数も大幅に不足している。退学勧告が妥当ではないかという提案であった。

そこで、「彼にも何か良いところ、際立ったことがあるだろうに」と聞くと、「ありますが、異常と言うべきものですよ」と答える。

「JRの時刻表を相当なレベルで丸暗記していて、汽車の型や色など鉄道に関することは、何でも即座に答えてくれますよ」と言う。

「それはすごい」と小衲は驚くとともに光が見えた。そのような特殊の能力があるなら大丈夫。

寮は出てもらうが卒業保留とし、直ちに単位未認可の担当教員に厳しい課題を作成させ、この学生にレポートを提出させよと決断した。その結果をまって卒業の可否を決定すると。教員の内では、無駄なことだという意見が大半だったが、強引に命を下した。

その後の彼の翻身や、両親・縁者の喜びと応援については詳しく書かないが、それは不思議という表現では足らないほど目覚ましいものだった。あえて言えば、諦めきって感情の湧かぬ人たちに、感動がよみがえったようだった。

彼は半年後、全てのレポートを提出した。無事に卒業できたことは言うまでもない。

それから一年後、彼が正眼寺を訪ねてきた。

小衲はまた一驚させられた、そのあまりの変貌に。そこには、カナダに留学し、イギリスを経て帰国したという自信溢れる若者がいた。

この彼の変貌の真の理由は何であろうか。

賢明な方々にはもうお分りであろう。それは他者《ひと》に対する信頼を、一人の青年が取り戻したことにある。

小衲はそう思っている。このように、人間《ひと》はみな成長するということを思い、かつ祈りつつ、最終章としたい。

なお先の学生は、実はいま五年を経て結婚もし子供もできたが、もう一度、躓《つまず》いてしまったようである。だが、これが人生であろう。

挫折と成長は裏表である。再びの立ち上がりを期待して、筆を擱く。

おわりに

今年の三月、小衲《わたし》は台湾にいた。

例年のT寺での接心のためである。

所定の行事をこなし、三度目の提唱（講義）も済んだ十一日の午後四時半過ぎだった。住職が周章《あわ》てて「日本で巨大《おおき》な地震が」と、驚きの報告をしてきた。

直ちにテレビを観ると、そこに上ずったアナウンサーの声と、まるで箱庭の模型の家や木がホースからの水で、無造作に呑み込まれるような仙台空港の影像があった。

皆、なにごとが起きているのか理解《わか》らぬまま、言葉を失なった。

それから一日おいて、小衲は慌しく帰国した。

——以来、六ヶ月余が過ぎた。

福島の原発のことも含め、種々の問題を孕みながら、それでも復興に向けて、日本全体が一丸になろうとしているとの期待を込めて、小衲はこれを書いている。

さて、この頃、本堂前の庭に、少しく奇妙な光景が見える。

小岩のような庭石から、松の苗が育っているのだ。

今、四、五十センチに伸びて緑彩やかだ。

まさに石の裂け目、隙間を探し出しては、根を奥深く食い込ませ、僅かの水分と養分とで生長している。

山谷の巌《いわお》に、見事な姿を現わした松の、その不思議な生長の歴史を眼の当りにしているという感動を覚える。

だが、どうしてこうなったのか。

この庭には石畳の参道を境にして、反対側に大きな松の木が二本ある。

想うに、そこから松笠が風に吹かれて飛んで、偶然この庭石の上に落ちた。しかも毎日、掃除をする雲水に見咎められずに打ち過ぎ、いつか冬の陽か春の陽気に暖められ、乾燥した松笠が蕾を開いて、松の実、種子を落したのであろう。そのうちの一つ二つが、この庭石の裂け目に入った。

とはいえ、もし雨が降らず日照りが続けば、芽が出ることはない。また、雪が降り続き氷漬けのようになれば、芽はおろか、生命力も絶えてしまうのではないか。

幸いに冬を越えて、春の雨に眼覚めた種子が、少しずつ芽を出し、根を裂け目に入れた。このように書くと、いかにも必然的なことのように見えるが、それはいくつもの幸運と奇跡的な条件が重なったうえでの、この一本の松の誕生であったに相違ない。

大袈裟ではあるが、人知を超えた天の仕組みがそこにはある。そして、この苛酷な条件でも苗は成長し、一本の木になろうとしている。

小衲は雲水たちに、この松に水や肥料をやること、また手を触れることもならないと言っている。

驚異的な自然の仕組み、働きから生まれたのだから、一切自然に任せるべきで、たとえ日照りが続こうが、豪雪になろうが、それに耐え得る力はこの松に備わっている。

「種子」には無限の能力が在って、この松はそれを開花させたに過ぎない。それゆえ、逆に甘やかされた途端、その能力を失なって枯死するのではないか。

これを専門家に問うと首肯してくれた。

ところで、このたびの大地震と大津波に被災された方々も、そうでない我々も、今こそこの原点に還らねばならないと、敢えて言うのは残酷で不遜であろうか。

だが我々も種子である。それこそ仏の種子である。

小衲には、どれほど時間がかかろうとも、この松の遅々として、しかも耐え続ける確実な成長こそが、現地の復興と復旧の見本のように思えるのだ。

九月の末から数日間、小衲は駆け足で縁ある方々のところに、被災の見舞いに行くことができた。その悲惨な状況を見聞きすればするほど、この思いが一入《ひとしお》なのである。


本書の「おわりに」をここまで書き、ふと振り返れば、十数年前の自分を取り巻く環境が蘇ってくる。それは現在も何も変わっていないとも言えるし、全く変貌してしまったとも言える。

これは、その十数年前の一九九七年の夏から始めて、家庭教育の大切さを訴え続ける「すこーれ」誌（スコーレ家庭教育振興協会）に、二〇〇二年の夏まで五年間にわたり、掲載させてもらった折り折りの文章である。

少々の手入れはしたが、大部分はそのままである。それこそひと昔前の文章が、日本が大変革の秋《とき》を迎えたと言われるこの時期、何の意味をなすかと自ら問うては、まことに忸《じく》怩《じ》たる思いではある。何を汲みとっていただけるかは、読者の方々にお任せするよりほかない。

しかも、春秋社の編集長佐藤清靖氏に盛んに促がされて、ようやく上梓にこぎつけた。改めてその熱意に感謝を申し上げるばかり。春秋社の神田明社長には御礼申し上げる。また拙文の意をよく酌んでいただき、ふさわしい挿画を描いてくれた池田くにきさん、そして貴重なカバー写真を提供していただいた森崎由枝さんに、それぞれ深甚からの御礼を申し上げ、「おわりに」としたい。

平成二十三年　秋

妙法山中　宗玄誌

山川宗玄（やまかわ　そうげん）
昭和24年、東京生まれ。昭和49年、埼玉大学理工学部卒業、野火止平林寺の白水敬山老大師について得度。同年、正眼寺専門道場に入門。平成6年、正眼寺住職、正眼寺専門道場師家、正眼短期大学学長。平成15年、清大寺兼務住職。令和6年、妙心寺第36代管長（いずれも現任）。著書に『無門関提唱』『生きる』『「無門関」の教え』『開山さまの物語』など。

無心の一歩をあゆむ
二〇一一年一〇月三〇日　第一刷発行
二〇二四年九月一〇日　第五刷発行
著　者　山川宗玄
発行者　小林公二
発行所　株式会社　春秋社
東京都千代田区外神田二―一八―六（〒一〇一―〇〇二一）
電話（〇三）三二五五―九六一一　振替〇〇一八〇―六―二四八六一
https://www.shunjusha.co.jp/
印刷所　萩原印刷株式会社
装　丁　本田　進
定価はカバー等に表示してあります。
2011©ISBN978-4-393-14279-0